Andrés Corson

¿Cómo conquistar el corazón de Dios?

Vida®

La misión de Editorial Vida es ser la compañía líder en satisfacer las necesidades de las personas con recursos cuyo contenido glorifique al Señor Jesucristo y promueva principios bíblicos.

¿CÓMO CONQUISTAR EL CORAZÓN DE DIOS?
Editorial Vida — 2013
Miami, Florida

Editora en Jefe: *Graciela Lelli*
Edición: *Elizabeth Fraguela M.*
Diseño interior: *artServ*
Diseño de la cubierta: *Gus Camacho*

ISBN: 978-0-8297-6322-5

CATEGORÍA: Vida cristiana / General

IMPRESO EN ESTADOS UNIDOS DE AMÉRICA
PRINTED IN THE UNITED STATES OF AMERICA

HB 05.11.2023

Contenido

Contenido

Introducción

Algo especial tuvo que haber hecho Job para conquistar el corazón de Dios a tal punto que el Señor le dijera al enemigo:

> *«¿Te has puesto a pensar en mi siervo Job? No hay en la tierra nadie como él; es un hombre recto e intachable, que me honra y vive apartado del mal?»* (Job 1.8).

Dios tiene emociones y siente dolor, pero también siente placer y a nosotros se nos ha dado el privilegio de tocar su corazón. Pero lo mejor de todo es que Dios es quien toma la iniciativa de buscarnos y conquistar nuestro corazón. Jeremías dijo:

> *«¡Me sedujiste, Señor, y yo me dejé seducir! Fuiste más fuerte que yo, y me venciste»* (Jeremías 20.7).

Saber que yo podía conquistar el corazón de Dios y gozar de su favor se convirtió en uno de los propósitos de mi vida. Pero no solo yo quiero conquistarlo anhelo que también mi casa, nuestra iglesia y nuestra nación pueda conquistar su corazón.

David también conquistó el corazón de Dios y gracias a él, Dios hizo del monte de Sión el lugar de su morada.

> *«El Señor ha escogido a Sión; su deseo es hacer de este monte su morada: "Éste será para siempre mi lugar de reposo; aquí pondré mi trono, porque así lo deseo"»* (Salmos 132.13–14).

Creo que cuando los cristianos nos reunimos a adorar, Dios está en medio de nosotros. Sin embargo, en algunos lugares Él está simplemente porque «le toca estar» ya que en un versículo prometió que donde estuvieran dos o tres reunidos en su nombre Él estaría en medio de ellos (Mateo 18.20), pero me lo imagino ahí todo aburrido, esperando que se acabe el culto. Sin embargo, hay otros lugares en donde Él realmente quiere estar, lugares donde se siente complacido, deseado y amado, donde siente placer y se siente tan en casa que hasta se quita los zapatos... y descansa. Y eso es lo que yo quiero que sea nuestra iglesia, un lugar en el que Dios quiera estar.

Pero, ¿qué tenemos que hacer para que eso suceda? ¿Qué tenemos que hacer para conquistar el corazón de Dios?

En este libro quiero decir todo lo que hemos aprendido al tratar de conquistar Su corazón y hacer que nuestra vida y nuestra iglesia sea el lugar en donde Dios quiera estar: El lugar de Su presencia.

Fuimos creados para el placer de Dios

Nunca olvidaré el día en que me di cuenta que Dios tiene emociones, que siente el placer de ser amado, aunque también el dolor de ser rechazado. Fue una mañana común y corriente, pero dentro de los planes de Dios ese era el día en que Él tenía planeado cambiar mi vida para siempre. Hoy reconozco que fue una cita con mi destino porque ese día conocí el corazón de Dios. Tendría unos veinte años de edad y era un muchacho sediento de Dios. Todos los meses teníamos una reunión de oración con los otros pastores de la denominación a la cual yo pertenecía, pero ese día había un invitado especial que nos habló del amor de Dios y lo ilustró con la historia de Oseas. El libro de Oseas es uno de los cuadros más hermosos del amor de Dios porque Oseas tuvo que experimentar en carne propia el dolor que el pueblo de Israel le estaba ocasionando a Dios.

Dios le dijo:

«Ve y toma por esposa una prostituta, y ten con ella hijos de prostitución, porque el país se ha prostituido por completo. ¡Se ha apartado del SEÑOR!» (Oseas 1.2).

Por eso Oseas fue a los tugurios de la ciudad a buscar a la mujer que llegaría a ser su esposa. Y tomó por esposa a Gómer, una prostituta, una mujer que no merecía ser amada. Pero Oseas, en obediencia a Dios, la sacó de la oscuridad, se la llevó a su casa, la limpió, la amó, le perdonó su pasado, le ofreció un futuro, le dijo que soñara, la embelleció con sus palabras y creyó en ella. Ese es el amor de Dios.

Yo me imagino a Oseas y Gómer soñando con el futuro: la casa que construirían, los hijos que tendrían, los viajes que harían, en fin, todas las cosas que hace una pareja de enamorados. También me imagino a las amigas de la familia criticando a Gómer por su pasado: «*¡No sé que le ve Oseas a esa niña! Mire cómo se viste, mostrándolo todo... y escuchen su forma de hablar. Tan lindo que era Oseas, yo soñaba con que él se enamorara de mi sobrina, harían una pareja tan linda. Pero, bueno, ¿qué le vamos a hacer? No sé qué le pasó. Cada uno hace de su vida lo que quiere, el tiempo nos dirá si se equivocó o no*».

Fruto de su amor, Gómer dio a luz un hijo a quien llamaron Jezrel. Durante los primeros años fueron una familia feliz... hasta que Gómer empezó a recordar y a añorar sus amores del pasado. El profeta ya no confiaba en su esposa, veía la coquetería con que trataba a los otros hombres. Gómer dio a luz una niña que llamaron Lorrujama porque Oseas no estaba seguro de ser su padre. El Señor le dijo: «*Ponle por nombre: "Indigna de compasión", porque no volveré a compadecerme del reino de Israel, sino que le negaré el perdón*» (Oseas 1.6).

Cuando llegó el tercer hijo, a quien llamaron Loami, Oseas estaba convencido de que ese niño no era suyo y el Señor confirmó su sospecha cuando le dijo: «*Ponle por nombre: "Pueblo ajeno", porque ni ustedes son mi pueblo, ni yo soy su Dios*» (Oseas 1.9).

Aunque Oseas seguía amando a su esposa, no podía consentir su pecado y la confrontó, esperando que se arrepintiera.

Le dijo: «Gómer, *yo siempre te he amado, te amé a pesar de tu pasado, te amé cuando nadie creía en ti y aunque me hayas traicionado aún te sigo amando, pero el amor es un compromiso mutuo que exige fidelidad. Por eso quiero que te alejes de tus amantes, quiero ser el único en tu corazón. Si te arrepientes, te voy a perdonar y seguirás siendo mi esposa».*

Oseas esperaba arrepentimiento, pero su esposa no estaba dispuesta a dejar su pecado, así que abandonó a sus hijos y a su esposo para ir detrás de sus amantes. Él quería retenerla, pero el verdadero amor brinda libertad. En el libro de Oseas, Dios dice lo siguiente:

> «*¡Échenle en cara a su madre*
>   *que ni ella es mi esposa ni yo su esposo!*
> *¡Que se quite del rostro el maquillaje de prostituta,*
>   *y de entre los pechos los adornos de ramera!* [...]*

> *Su madre es una prostituta;*
>   *¡la que los concibió es una sinvergüenza!*
> *Pues dijo: "Quiero ir tras mis amantes,*
>   *que me dan mi pan y mi agua,*
>   *mi lana y mi lino, mi aceite y mis bebidas"*»
> (Oseas 2.2, 5).

Al igual que Oseas dejó que su esposa se fuera tras sus amantes, Dios también permite que los que no quieren dejar su pecado se vayan detrás de sus pasiones, de sus ídolos y de sus amantes. Pero lo hace para que reconozcan que Él es el único que realmente los ama, que las riquezas provienen de Él y que la verdadera felicidad solo está en Él.

Cuando alguien dice: «Quiero ir tras mis amantes porque son ellos los que me dan felicidad», el Señor dice:

> «*Por eso le cerraré el paso con espinos;*
>   *la encerraré para que no encuentre el camino.*

> Con ardor perseguirá a sus amantes,
>   y al no encontrarlos dirá:
> "Prefiero volver con mi primer esposo,
>   porque antes me iba mejor que ahora".
> Ella no ha querido reconocer que soy yo quien le da el grano,
>   el vino nuevo y el aceite.
> Yo le he multiplicado la plata y el oro,
>   ¿y qué hizo con ellos? ¡Falsos dioses!
> Por eso, llegado el momento le quitaré mi trigo y mi vino
>   nuevo.
> La dejaré sin la lana y el lino que le di para cubrir su
>   desnudez.
> Voy a exhibir su desvergüenza a la vista de sus amantes,
>   y nadie la librará de mi mano» (Oseas 2.6–10).

> «Devastaré sus vides y sus higueras,
>   que consideraba la paga de sus amantes.
> Las convertiré en maleza,
>   y los animales del campo acabarán con ellas.
> La llamaré a cuentas por los días en que quemaba ofrendas
>   a sus falsos dioses,
>   cuando se adornaba con zarcillos y joyas,
>   y olvidándose de mí, se iba tras sus amantes»
> (Oseas 2.12–13).

El desierto es la disciplina del Señor para los que Él ama. Dios nos lleva allí para que veamos que nuestra vida sin Él es miserable. En Oseas 2.14 (RVR) el Señor dice: «*la llevaré al desierto, y hablaré a su corazón*».

Cuando Gómer se fue de la casa, Oseas sintió que su corazón se despedazaba. Lo abrumaba el dolor del abandono, de la traición, de no ser correspondido; sentía su corazón pisoteado, engañado y despreciado. El profeta no solo tuvo que cargar con su dolor sino también con el de sus hijos, a quienes su mamá reemplazó por otros hombres; ellos no estaban preparados para enfrentar la vida sin su mamá. Si los padres tan solo pensaran en el dolor y el daño que la infidelidad y el divorcio les produce a sus hijos, no serían tan egoístas.

Lo único que se oía aquella noche en la casa de Oseas era el sonido de dolor y tristeza que causaba el pecado de Gómer. Cuando por fin el cansancio logró vencer el dolor del corazón, los niños pudieron dormir y, en ese momento, Oseas se refugió en un rincón de la casa y comenzó a llorar mientras se preguntaba: «¿Qué hice mal? ¿Qué me faltó por hacer? Yo esperaba buenas uvas pero, ¿por qué dio uvas agrias?».

Y fue ahí, en medio de su llanto, cuando oyó que alguien más lloraba. Corrió adonde estaban sus hijos para ver si era alguno de ellos, pero los tres dormían profundamente. Regresó a su lugar de oración y una vez más volvió a oír que alguien lloraba. Era Dios, porque en el centro del universo hay un Dios de amor que llora por sus hijos que lo han abandonado. Al igual que Oseas sufría por su esposa, Dios también sufría por su pueblo, su huerto favorito, la niña de sus ojos, la nación que lo había abandonado para ir detrás de sus amantes. En esa noche de dolor Oseas conoció el corazón de Dios.

> «¿*Cómo podría yo entregarte, Efraín?*
> *¿Cómo podría abandonarte, Israel?* [...]
> *¡Yo no podría abandonarte!* [...]
> *Dentro de mí, el corazón me da vuelcos,*
> *y se me conmueven las entrañas*» (Oseas 11.8).

Pero entonces, en Oseas 2.14–17, 19–20, Dios trata de conquistar a su nación una vez más:

> «*Por eso, ahora voy a seducirla:*
> *me la llevaré al desierto y le hablaré con ternura.*

Allí le devolveré sus viñedos,
    y convertiré el valle de la Desgracia en el paso de la
    Esperanza.
Allí me corresponderá, como en los días de su juventud,
    como en el día en que salió de Egipto.
En aquel día —afirma el SEÑOR—,
    ya no me llamarás: "mi señor", sino que me dirás:
    "esposo mío".
Te quitaré de los labios el nombre de tus falsos dioses,
    y nunca más volverás a invocarlos. [...]
Yo te haré mi esposa para siempre,
    y te daré como dote el derecho y la justicia, el amor y la
    compasión.
Te daré como dote mi fidelidad, y entonces conocerás al
    SEÑOR».

Por eso el Señor le dice a Oseas que vuelva a amar a la mujer que lo había traicionado:

«*Ve y ama a esa mujer adúltera, que es amante de otro.*
Ámala como ama el SEÑOR a los israelitas, aunque se hayan
vuelto a dioses ajenos y se deleiten con las tortas de pasas
que les ofrecen» (Oseas 3.1).

Así que una vez más Oseas salió de su casa y regresó a la plaza del mercado de la ciudad, el lugar en donde los comerciantes venden víveres, animales, esclavos y otras cosas. En obediencia a lo que Dios le había dicho, Oseas fue en busca de una prostituta para redimirla y «amarla».

Al llegar a la plaza, se quedó mirando a una de las mujeres que vendían los mercaderes. Notó cierta familiaridad en su rostro. En ese momento ella se volteó y aunque le esquivó la mirada, él supo que se trataba de Gómer, su esposa. Se había vendido al pecado y se había convertido en su esclava porque eso es lo que hace el pecado.

Entonces, rápidamente, Oseas corre a donde estaban vendiendo a la que había sido su esposa y dice:

> «*Compré entonces a esa mujer por quince monedas de plata y una carga y media de cebada, y le dije: "Vas a vivir conmigo mucho tiempo, pero sin prostituirte. No tendrás relaciones sexuales con ningún otro hombre. ¡Ni yo te voy a tocar!"*»
> (Oseas 3.2–3).

Eso mismo fue lo que hizo Jesús al morir en la cruz, nos compró con su sangre porque el amor de Dios es un amor redentor, es un amor que perdona, es un amor que nos da una segunda y tercera oportunidad.

Cuando oí esta historia del amor de Dios, mi corazón se quebrantó, lloré como nunca antes lo había hecho. Por primera vez en mi vida sentí el corazón de Dios, experimenté su dolor, pero a la vez sentí su amor. Esa mañana el Señor puso en mí su corazón por los perdidos porque en el centro del universo hay un Dios de amor que llora y siente dolor por todos los que han pecado.

> «*Al ver el* SEÑOR *que la maldad del ser humano en la tierra era muy grande, y que todos sus pensamientos tendían siempre hacia el mal, se arrepintió de haber hecho al ser humano en la tierra, y le dolió en el corazón*»
> (Génesis 6.5–6).

La Biblia está llena de relatos de personas que le causan dolor a Dios. En el libro de Isaías el Señor expresa su dolor cuando dice:

«¿Qué más se podría hacer por mi viña que yo no lo haya hecho? Yo esperaba que diera buenas uvas; ¿por qué dio uvas agrias?» (Isaías 5.4).

Pero al igual que siente dolor, también siente placer. Nosotros podemos causarle dolor, pero también podemos hacer que sienta placer. Apocalipsis 4.11 dice:

«Digno eres, Señor y Dios nuestro, de recibir la gloria, la honra y el poder, porque tú creaste todas las cosas; por tu voluntad existen y fueron creadas».

La Biblia en inglés y la Reina-Valera antigua dicen que todo fue creado para el placer de Dios, y eso es precisamente lo que significa esa palabra en el griego: *Thelema*. Nosotros fuimos creados para el placer de Dios, para su gloria, para su voluntad, para su propósito. La razón principal por la cual adoro a Dios es porque a Él le gusta, eso es lo que más desea, Él experimenta placer cuando lo hago. Para mí es increíble pensar que yo pueda tocar el corazón de Dios.

El Señor dice:

«Este pueblo he creado para mí, mis alabanzas publicará» (Isaías 43.21, RVR).

Por eso tomé la decisión de conquistar el corazón de Dios. Si Él siente dolor, yo no quiero ser motivo de dolor para Él, y si siente placer, quiero producirle placer, quiero que se sienta complacido conmigo, quiero hacerlo sonreír, quiero que con un suspiro diga de mí lo mismo que dijo de David:

«He encontrado en David [...] un hombre conforme a mi corazón; él realizará todo lo que yo quiero» (Hechos 13.22).

Pegaito

No podría estar sin ver tus ojos
No podría vivir sin contemplarte a ti.

Es que eres más grande que el sol,
Más alto que las estrellas,
Es que tu amor me inundó
Y ya no puedo vivir sin ti.

Llévame Señor, pegaito entre tus brazos.
Llévame Señor, al jardín de tu amor.

© Su Presencia Producciones

Dios toma la iniciativa
en la conquista

Fuimos creados para el placer de Dios, el placer de amar y de ser amados, el placer de tener una relación con Él, pero esa relación se rompió por causa del pecado. Debido a la caída del ser humano, en ninguno de nosotros está el deseo de buscar a Dios y por eso es Él quien toma la iniciativa de buscarnos. Jesús dijo:

> «Nadie puede venir a mí a menos que el Padre me lo entregue» (Juan 6.65, NTV).

Y en Jeremías 31.3 (NTV) dice que es Dios quien nos acerca a Él:

> «Yo te he amado, pueblo mío con un amor eterno. Con amor inagotable te acerqué a mí».

En Oseas 11.3-4, Dios dice:

> «Yo fui quien enseñó a caminar a Efraín;
> yo fui quien lo tomó de la mano.
> Pero él no quiso reconocer
> que era yo quien lo sanaba.

Lo atraje con cuerdas de ternura,
    lo atraje con lazos de amor».

Podríamos cambiar el nombre de Efraín por el nuestro, porque fue Dios quien nos sostuvo de la mano y nos enseñó a caminar. Pero en el versículo dos el Señor dice: «*Pero cuanto más lo llamaba, más se alejaba de mí».*

Por eso Dios expresa su dolor:
    «*¿Cómo podría yo entregarte...?*
    ¿Cómo podría abandonarte? [...]
        Dentro de mí, el corazón me da vuelcos,
    y se me conmueven las entrañas» (Oseas 11.8).

El dolor que siente Dios es el mismo que siente una novia cuando el novio termina el noviazgo o lo que siente un hombre cuando su esposa lo abandona, el corazón de Dios está despedazado por causa de los que viven lejos de Él.

Pero entonces el Señor dice:

«*Pero luego volveré a conquistarla.*
    La llevaré al desierto y allí le hablaré tiernamente»
        (Oseas 2.14, NTV).

¿CÓMO NOS CONQUISTA DIOS?

Dios es como un hombre bueno que ama a una niña que no le muestra interés porque piensa que hay alguien mejor que Él. Pero a pesar de su indiferencia, Dios no se cansa de amarla ni de hacerle el bien, pues tiene la esperanza de que ella se dé cuenta que solo Él puede llenar su necesidad de ser amada y que le diga a Dios lo que Jeremías le dijo:

*«¡Me sedujiste, Señor, y yo me dejé seducir! Fuiste más
fuerte que yo, y me venciste»* (Jeremías 20.7).

Dios conquista a cada persona de una manera diferente.
Por ejemplo, Jesús satisfizo la necesidad de sentirse amada
que tenía la mujer samaritana. Ella creía que los hombres
podían llenar su vacío y por eso tuvo cinco maridos. Jesús
le dijo:

*«Todo el que beba de esta agua volverá a tener sed [...] pero
el que beba del agua que yo le daré, no volverá a tener sed
jamás»* (Juan 4.13–14).

Jesús conquistó al enfermo, aliviando su dolor. A los que
se sentían pecadores, Jesús los conquistó dándoles tiempo,
comiendo con ellos, amándolos. Sin embargo, los fariseos lo
acusaron de comer y beber con los pecadores, aunque Él lo
hizo para conquistar su corazón.

Jesús conquistó a los niños, haciéndolos sentir importantes. Lo mismo hizo con Zaqueo, un hombre que debido
a su tamaño estaba lleno de complejos, por eso Jesús le dijo
delante de todos que iba a comer a su casa.

Al diseñador, Dios lo conquista con detalles, al músico
con la música, al deportista con el deporte, al ingeniero, al
arquitecto o al constructor los conquista con grandes ideas.
¿Cómo nos conquistó Dios a nosotros?

La conquista de Dios se inició
desde antes de nacer

Una de las historias favoritas de nosotros, los hombres, es
la manera en que conocimos a la que hoy es nuestra esposa.
Sin embargo, yo empecé a conquistar a mi esposa cuando ya

ella tenía veintidós años, mientras que Dios me empezó a conquistar desde antes de nacer.

> *«Tú me observabas mientras iba cobrando forma en secreto,*
> *mientras se entretejían mis partes*
> *en la oscuridad de la matriz.*
> *Qué preciosos son tus pensamientos acerca de mí, oh Dios»*
> (Salmos 139.15, 17, NTV).

Durante toda nuestra vida Dios va dejando señales en el camino como una manera de decirnos: «Te amo, estoy contigo, no temas», pero no nos damos cuenta que todas esas cosas lindas vienen de Dios. En Oseas 2.8 (NTV) Dios dice:

> *«Ella no se da cuenta de que fui yo*
> *quien le dio todo lo que tiene:*
> *grano, vino nuevo y aceite de oliva; hasta le di plata y oro».*
> *Dios va dejando esas semillas de amor*
> *simplemente porque nos ama,*
> *pero no sabemos que es Él.*

Debemos aprender a ver a Dios en las cosas pequeñas de la vida, como dice la canción que canta Danilo Montero:

> He aprendido a verte en los detalles,
> en cada milagro que tú haces…

Paráfrasis de Salmos 23

Salmos 23 es uno de los salmos más conocidos. Es posible que David lo haya escrito mientras cuidaba a las ovejas, pero también puede ser un recuento de toda su vida en donde recuerda los momentos en los cuales Dios conquistó su corazón. Si es así, podríamos verlo de la siguiente manera:

> El Señor *siempre estuvo conmigo*
> *por eso nunca me faltó nada.*
> Me *dio un lugar en donde vivir*
> *y siempre suplió con el agua de la quebrada*
> *mis necesidades emocionales.*
> Al *mirar hacia atrás, me doy cuenta*
> *que por amor a su nombre*
> *Él siempre guió mis pasos.*
> Aun *en los momentos más difíciles de mi vida,*
> *en la cueva de Adulán y cuando necesité ser disciplinado,*
> *lo hizo con amor.*
> Pero *no me dejó avergonzado,*
> *sino que preparó un delicioso banquete y me lo dio*
> *para que mis enemigos se dieran cuenta*
> *de que me amaba.*
> También *me ungió como rey*
> *y me levantó como uno de los hombres*
> *más poderosos en la tierra.*
> A *mí todo me sale bien porque el bien y la misericordia*
> *siempre me siguen.*
> *Y ¡lo mejor está por venir!*

¿CÓMO ME CONQUISTÓ DIOS?

Yo siempre oía los increíbles testimonios que contaban las personas que llegaron a Dios como resultado de algo grande que pasó en sus vidas. Pero mi encuentro con Dios no fue tan emocionante porque Él siempre estuvo conmigo. Por eso, ¿cómo conquista Dios a una persona que nació en un hogar cristiano y que no ha tenido que soportar las consecuencias y el dolor que produce el pecado?

Algunos amigos de mi niñez, que tuvieron el mismo privilegio de nacer en un hogar cristiano, decidieron hacer lo que hizo el hijo pródigo y se fueron al mundo con la intención de regresar a Dios después de un tiempo y así poder experimentar el ¡gozo de la salvación! Pero tristemente pocos volvieron a casa, se quedaron en «la inmunda».

Al mirar atrás me doy cuenta que Dios me conquistó con la música, así como lo hizo con David. Él puso en mí pasión por la música y poco a poco, a través de ella, me fue seduciendo hasta convertirse en el motivo de mi canción.

Todo comenzó un día en que fuimos a la casa de mi abuelita. Yo tendría diez años de edad y en ese entonces vivíamos en un pueblo lejos de la ciudad, así que ir a Bogotá a visitar a la abuelita era toda una aventura. Mi abuelita cocinaba muy rico y como era de Inglaterra, tomar té en la casa de mis abuelos era ¡un gran acontecimiento! Lo que más me gustaba de esas visitas a mi abuelita era oírla hablar porque era una mujer que amaba a Dios. Nos hablaba de Dios con tanta pasión que lo veíamos grande y nos enamorábamos de Él.

Pero ese día en particular, después del almuerzo, alguien nos llevó a un concurso de talentos en una iglesia de las Asambleas de Dios cerca de su casa. Cuando llegamos lo primero que vi fue un niño, con solo ocho años de edad, cantando y tocando su guitarra. En ese momento pensé: «Si él puede tocar la guitarra, yo también seré capaz de hacerlo». Esa fue la primera carnada que Dios usó para conquistar mi corazón.

Ese mismo año mi tío me prestó una guitarra brasileña y me dijo que si en un año aprendía a tocarla, me la regalaba, y eso fue lo que hice. Vivíamos en el Instituto Bíblico y la mayoría de los que estudiaban allí eran campesinos, por eso los que me enseñaron a tocar la guitarra solo sabían canciones rancheras como «Gracias, Cristo bendito», «Te vengo a decir», «Pero queda Cristo» y otras. Lo más *play* que aprendí a tocar fue un bolero que hablaba de la historia de un hombre pecador que conoció a Jesús. Pero un día fui a Bogotá y alguien me enseñó a tocar una canción cristiana con la música de La Bamba que decía: «Para llegar al cielo se necesita tener a Cristo en el corazón, en el corazón y nada más. Aleluya, aleluya». Entonces la ensayé muy bien y la toqué delante de los que me habían enseñando a tocar la guitarra. Cuando me oyeron quedaron impresionados porque yo parecía una «estrella de *rock*».

EL ESPÍRITU SANTO

Nací en un hogar en donde amábamos a Dios, pero como aún no se había restaurado el mover de la alabanza y la adoración en nuestras iglesias, no expresábamos nuestro amor a Dios sino que simplemente cantábamos, por eso en lugar de cantarle a Dios cantábamos acerca de Él.

A principio de los años setenta el Espíritu Santo se empezó a manifestar en Colombia, especialmente en las iglesias que mi abuelito había fundado. Recuerdo que en las convenciones, cuando todas las iglesias se reunían, yo notaba una gran diferencia entre unos jóvenes y otros. Por un lado estaban los *típicos hijos de pastor*, perdiendo tiempo y haciendo mala cara, pero al otro lado estaban unos jóvenes alegres, tocando guitarra y cantando apasionadamente a Dios. ¿Cuál era la diferencia entre unos y otros? No lo sabía, pero yo quería lo que ellos tenían. Después supe que lo que ellos tenían era el bautismo en el Espíritu Santo.

En ese momento la iglesia más grande y de mayor impacto en Bogotá era la Iglesia Cruzada Cristiana del barrio Santa Isabel. Había algo especial en ese lugar, especialmente durante el tiempo de la alabanza y la adoración. El grupo musical, según las normas de hoy, no era gran cosa, solo tenía unas guitarras y cuatro niñas tocando sus panderetas; pero se cantaba con tanta pasión que nunca olvidaré canciones como:

> El cielo es el trono de mi Dios,
> La tierra el estrado de sus pies.
> Y siendo tan sublime mi Señor,
> Mi pequeño corazón su templo es.

Allí se hacía algo que era nuevo para nosotros, alzar las manos. Como en mi casa no estábamos acostumbrados a hacerlo, me alejaba de mis padres y me metía entre la gente para levantar mis manos. Me gustaba hacerlo porque experimentaba algo muy especial, hoy sé que lo que sentía es la presencia de Dios.

YO TE ENTREGO MI SER

A comienzos de 1975, cuando tenía once años, fui con mi familia a Australia. Como éramos misioneros teníamos que ir a rendir cuentas y tratar de reunir fondos para seguir trabajando en Colombia. Allí acompañé a mi papá a un campamento al cual lo invitaron a predicar, recuerdo que fue un viaje largo y oscuro, pero cuando llegamos, el lugar estaba totalmente iluminado. El tiempo de alabanza fue muy especial, pero nunca olvidaré algo en particular que tenía una canción. Lo que sentí ese día lo volví a experimentar veinte años después, cuando oí por primera vez la canción «Yo te entrego mi ser»

(*I will give you my heart*) de Hillsong. Desde entonces Dios estuvo preparando a Australia y a Nueva Zelanda para un movimiento especial de alabanza que muchos años después impactaría al mundo entero.

Ese mismo año tuve el privilegio de conocer la música de *Scripture in Song*, que significa la Biblia cantada. Lo que ellos hacían era ponerle música a los Salmos. *Scripture in Song* fue un ministerio de Nueva Zelanda que se dio a conocer en el ámbito mundial porque recopilaron las canciones de diferentes iglesias y las pusieron en un disco. Esa fue la música que escuché durante años. Recuerdo poner los discos y soñar con una iglesia que tuviese los instrumentos que oía: guitarra, bajo, batería, violín, trompeta, piano y órgano.

LA NIÑA QUE TOCABA EL PIANO

Cuando regresamos a Colombia fui a un campamento en donde Dios volvió a conquistarme. Una de las personas que tocaba el piano era una niña con tan solo trece años de edad. Yo nunca había visto algo así, en ese entonces los únicos que tocaban el piano eran personas mayores, como mi mamá y mi tía, por eso no falté a ninguna de las reuniones. Dios usó a esa niña como una «cuerda de amor» para darme algo más grande, ya que en ese campamento recibí el bautismo en el Espíritu Santo.

Yo estudiaba en un colegio de monjas y aunque no nos obligaban ir a la Misa, yo decidí ir pues las monjitas realmente amaban a Dios y yo quería ser un ejemplo de vida. Lo que más me gustaba era la música porque la tocaba la tuna del colegio; recuerdo que tenían bajo, guitarras, bandolas, panderetas y castañuelas. ¡Me encantaba! Una vez más Dios me atraía con la música. También me gustaban las letras de las canciones, especialmente «Pescador de hombres».

En 1981 llegó a Colombia la música de *Maranatha*, con un sonido nuevo. Era música contemporánea y sus arreglos musicales eran muy bonitos. Canciones como: «*En momentos así*; «*Cristo, maravilloso eres tú*»; «*Abre mis ojos*». Yo aprendí a tocar todas esas canciones en la guitarra y Dios las usó para tener momentos inolvidables en su presencia. Creo que la renovación de la alabanza y la adoración en Latinoamérica le debe mucho a las canciones de *Maranatha*.

Durante la década de los ochenta vinieron a Colombia muchas bandas de música como: *Continental Singers* y *Carpenter's Tools*, así que tuve el privilegio de servir de traductor. Fue la primera vez que vi en vivo una batería, un bajo eléctrico, unas trompetas, unos trombones y lo que ninguna iglesia tenía en ese momento, un buen sonido. Todas estas cosas fueron detalles de Dios para conquistar mi corazón.

CRISTO PARA LAS NACIONES

En 1986 fui a estudiar a Cristo para las Naciones, en Dallas, Texas. Este instituto fue un lugar que Dios usó para expandir la renovación de la alabanza a otras naciones del mundo. Por medio de sus becas le dieron la oportunidad de estudiar a personas de naciones pobres como Asia, África y Latinoamérica. Nosotros, los estudiantes de allí, tomamos las grabaciones de sus alabanzas en vivo, tradujimos las canciones y las empezamos a cantar en nuestras respectivas naciones. Todas estas canciones le dieron un empuje al movimiento de la alabanza y la adoración.

La primera vez que entré a Cristo para las Naciones me quedé impactado al ver la banda: El piano de cola, el órgano Hammond, el bajo, la batería, la guitarra eléctrica, las trompetas, los trombones y los saxofones. ¿Qué más quería yo? Lo mejor de todo era que esa misma banda nos ministraba durante el tiempo de alabanza que teníamos todos los días. Sin embargo, lo que había sido el sueño de mi vida a los pocos meses se convirtió en una pesadilla pues Dios tenía que matar el ídolo que yo había hecho de la música. En realidad, el motivo de mi adoración no era Dios sino la música, y a los tres meses de estar ahí le cogí fastidio a todo y empecé a criticar las canciones, los cantantes, al que dirigía, todo, hasta que finalmente dejé de cantar y me senté. Así estuve durante varias semanas hasta que Dios me habló, mostrándome que la música era solo un medio para llegar a Él y que el motivo de mi adoración debía ser Él. Jesucristo tiene que ser el motivo de nuestra canción. En ese momento cerré mis ojos y empecé a ofrecerle a Dios un sacrificio de adoración.

La música no es un fin sino un medio. No podemos permitir que el medio que Dios ha usado para conquistarnos se convierta en el dios de nuestra vida. Si Dios ha usado la plata, el trabajo, un milagro, su familia o cualquier cosa para conquistarnos, no podemos permitir que eso se convierta en el dios de nuestra vida.

Lo que inspiró a Matt Redman a escribir la canción «El Corazón de la adoración» (The Heart of Worship) fue el resultado que produjo en su iglesia una decisión que tomó su pastor Mike Pilavachi con el propósito de regresar al corazón de la adoración que es Jesús. Matt Redman dice:

Estábamos viviendo en nuestra iglesia un tiempo de indiferencia y apatía hacia Dios, por eso el pastor decidió hacer algo bastante riesgoso. Apagó el sonido, sacó la banda musical y nos animó a adorar a Dios simplemente con nuestras voces. Nos dijo que habíamos perdido el rumbo en la adoración y que para recuperarlo y volver a su esencia era necesario despojarnos de todo. Nos animó a producir nuestra propia alabanza en vez de consumir la de otros. Al comienzo no sabíamos qué decir, pero poco a poco empezamos a orar y a cantar hasta que al final experimentamos un encuentro totalmente nuevo con Dios. Entendimos que la verdadera razón de la adoración es Jesús y que lo que Él espera de nosotros es una expresión de lo profundo de nuestro ser, no importa lo que estemos viviendo.*

En su canción, Redman expresa el arrepentimiento que debemos tener cuando nos damos cuenta de que en nuestra adoración, la música ha tomado el lugar de Jesús. Siempre que adoramos debemos quitar de nuestra mente todo lo que pueda desviar nuestra atención de Dios, cosas como las cargas, las amarguras, los deseos, las personas, hasta la música en sí... Adorar es estar a solas con Dios. Es mucho más que una simple canción; es entregarle nuestro corazón. Una frase de la canción que resume todo esto, dice: «Estoy volviendo al corazón de la adoración y se trata de ti, solo de ti, Cristo».**

Hoy me sigue gustando la música, pero ahora solo la veo como el medio que Dios usó para conquistar mi corazón y como un instrumento que el Señor usa para acercarme a Él. Como dice Salmos 95.2 (RVR): *«Lleguemos ante su presencia con acción de gracias; aclamémosle con cánticos»*.

DIOS LE DIO PROPÓSITO A MI VIDA

Dios también usó la música para darle propósito a mi vida porque cuando salí del colegio estaba desorientado, no sabía qué hacer con mi vida. Pero gracias a la música descubrí que el punto de partida de lo que Dios tenía para mí era dirigir la

---

* Matt Redman, *El adorador insaciable* (Buenos Aires: Peniel, 2003), pp. 100–102.

** Matt Redman, «The Heart of Worship», en el disco *The Heart of Worship* (Worship Together: 1999).

alabanza en la iglesia. No soy un gran músico, pero Dios puso sobre mi vida un manto de alabanza, una unción que viene sobre mi vida cuando dirijo la alabanza. Lo mismo me sucede cuando predico. Hace un tiempo fui uno de los invitados especiales para predicar durante un congreso en México. La noche antes del congreso me senté a comer junto a un hombre de Estados Unidos que había venido a acompañar a su pastor. Él no tenía ni idea de quién era yo, así que se quedó impactado el verme predicando al día siguiente. Luego, cuando bajé de la plataforma, me dijo: «No puedo creer que usted sea el mismo «atolondrado» con quien hablé anoche». Aunque no usó esa palabra yo sabía que la estaba pensando porque no soy gran cosa, pero cuando la presencia de Dios viene sobre mí, soy un hombre totalmente diferente.

La primera vez que reconocí ese manto ocurrió cuando traduje con un amigo la canción: «De lo profundo de mi ser». Fuimos a ministrar con un grupo musical del instituto a una iglesia en un pequeño pueblo que quedaba a cuatro horas de Dallas. Entre la reunión de la mañana y la de la tarde fuimos a caminar por el pueblo. Él empezó a cantar en inglés y en ese momento, de manera sobrenatural, Dios nos dio la traducción. Regresamos a la iglesia, buscamos una guitarra y la cantamos durante toda la tarde. Mientras cantábamos, Dios me dio una visión y entendí que Él había puesto una unción especial sobre mi vida. Lo que Dios hizo con nosotros mientras cantábamos fue algo tan extraordinario que el líder del ministerio nos pidió que cantáramos esa canción en la noche. Lo cantamos pero nada sucedió, entonces nos pidió que la cantáramos en español. En ese momento la presencia de Dios se manifestó en ese lugar.

La segunda vez que experimenté ese manto de alabanza fue mientras ensayábamos el piano en una iglesia bautista en Sydney. En 1987 fui a vivir a Australia para ver si Dios me quería allí o en Colombia. Quería aprovechar bien el tiempo, así que todas las tardes después del trabajo iba a practicar en el piano de la iglesia de mi abuelita. Pero un día, mientras tocaba una canción que decía: «*Te corono Dios, te corono mi rey. Cristo eres mi Dios y de todo eres Señor*», sentí una unción especial sobre mi vida. Estoy seguro que al domingo siguiente, en esa iglesia, todos sintieron algo que nunca antes habían experimentado: La presencia de Dios.

¿MINISTERIO ITINERANTE O IGLESIA ADORADORA?

Yo creía que mi llamado era la alabanza y la adoración, pero esa fue simplemente otra «cuerda de amor» que Dios usó para guiarme hacia un propósito mayor. Dirigía la alabanza en una iglesia, pero me invitaban a muchas iglesias a ministrar y a enseñar acerca de la restauración del tabernáculo de David. Mi sueño era hacer una producción de alabanza y adoración, pero nunca pude. Hoy comprendo que fue Dios quien cerró las puertas porque tenía otros planes para mí. Él no quería un ministerio itinerante de alabanza sino una iglesia adoradora.

¿CÓMO CONQUISTÓ DIOS SU CORAZÓN?

Dios conquista a cada persona de una manera diferente, ¿cómo lo conquistó a usted?

Una de las historias que más me gusta es la manera en la que Dios conquistó a mi esposa, lo hizo llenando sus vacíos.

Dios empezó a atraerla con sus cuerdas de amor a la basílica de Chiquinquirá, conocida como «la capital religiosa de Colombia». Su familia era muy devota y por eso nunca faltaban a la iglesia. Pero un día, estando allí, ella pensó que Dios no podía ser una simple estatua. En ese lugar tuvo muchas experiencias especiales con Dios. En una ocasión ella le dijo al Señor: «No soy digna de que entres en mi casa, pero te pido que lo hagas», y a los pocos días alguien le habló acerca de Jesús y ella le entregó su vida.

En otra ocasión, mientras cantaban «Señor, me has mirado a los ojos, sonriendo has dicho mi nombre...», ella tuvo un encuentro con los ojos de Dios.

Pero fue en medio de su soledad cuando Dios conquistó su corazón. Por motivos de estudio dejó a su familia y vino a vivir a Bogotá. Se sentía muy sola, aunque vivía con su tía, especialmente los fines de semana cuando todos salían a pasear con sus amigos. Una noche, luego que todos se fueron, ella se encerró en su cuarto, cerró sus ojos y en ese momento Dios le dijo: «¿Qué quieres?». Ella le dijo que le gustaría que la abrazaran y que quería sentirse amada. Ella vio en ese momento que Dios la recogía en un convertible rojo y la llevaba a un lugar muy especial, una terraza llena de flores en donde la amó y la abrazó. Durante muchas noches tuvo experiencias similares con la presencia de Dios y fue así como Él llenó su soledad.

Otro día, después de casada, volvió a sentirse sola y una vez más Jesús llenó su soledad. A partir de ese momento ella decidió tener una cita diaria con Dios a la que llama «café con Jesús». Allí aprendió a entrar al trono de la gracia, Dios ha llenado su vida y ha tenido experiencias muy especiales. Un día llegó tarde a su cita diaria y encontró una rosa sobre la silla; fue como si Dios le dijera: «Te estuve esperando, pero nunca llegaste».

En su «café con Jesús» aprendió a ver a Dios en los detalles de cada día y encontrar salida a todos sus problemas. Dios le ha dado visión. Allí su vida cambió y lo que al comienzo fue una disciplina ahora se ha convertido en un deleite.

Eterna relación

Eterna relación que se interrumpió
para crear un puente entre tú y yo.
El cielo enmudeció, el Padre calló
y hoy estás atento a mi clamor.

La cruz es la llave que me permite
cada día traspasar el velo,
y llegar donde tú estás
al santo de los santos entrar.

Anhelo y desfallezco,
mi deseo es sentarme allí
donde tu misericordia me hace descansar
donde tú eres mi hogar.

Y verte a ti y verme en ti
Y recibir tu gracia y paz.
Mi corazón dichoso está
Por verte a ti, por verme en ti.

© Su Presencia Producciones

El lugar de su presencia

Al comenzar la renovación de la alabanza y la adoración hicimos más énfasis en las formas de alabar (el aplauso, las manos levantadas, el arrodillarnos, la danza, el cántico nuevo...), que en el propósito de la adoración, que es la presencia de Dios.

En cuanto a la presencia de Dios es importante aclarar la diferencia entre Su omnipresencia, el lugar en donde Él vive y la manifestación de Su presencia.

OMNIPRESENCIA

Significa que Dios está en todo lugar.

> *«¡Jamás podría escaparme de tu Espíritu!*
> *¡Jamás podría huir de tu presencia!*
> *Si subo al cielo, allí estás tú;*
> *si desciendo a la tumba, allí estás tú»*
> (Salmos 139.7–8, NTV).

Hay personas que no están interesadas en Dios y, sin embargo, Él sí se interesa en ellos; eso es omnipresencia.

«Los ojos del Señor *están en todo lugar, vigilando a los buenos y a los malos»* (Proverbios 15.3).

El lugar donde vive Dios

En el Antiguo Testamento, Dios eligió vivir en medio de su pueblo Israel y ahora su pueblo es la iglesia en donde Él vive.

«El Señor *su Dios marchará al frente de ustedes para destruir a todas las naciones que encuentren a su paso, y ustedes se apoderarán de su territorio [...] Sean fuertes y valientes. No teman ni se asusten ante esas naciones, pues el* Señor *su Dios siempre los acompañará; nunca los dejará ni los abandonará»* (Deuteronomio 31.3, 6).

El Señor nos advierte acerca de las consecuencias de alejarnos de Él:

«Muy pronto esta gente me será infiel con los dioses extraños del territorio al que van a entrar. Me rechazarán y quebrantarán el pacto que hice con ellos. Cuando esto haya sucedido, se encenderá mi ira contra ellos y los abandonaré; ocultaré mi rostro, y serán presa fácil. Entonces les sobrevendrán muchos desastres y adversidades, y se preguntarán: "¿No es verdad que todos estos desastres nos han sobrevenido porque nuestro Dios ya no está con nosotros?"» (Deuteronomio 31.16–17).

En 2 Crónicas 15.2 el Espíritu de Dios dijo:

«El Señor *estará con ustedes, siempre y cuando ustedes estén con él. Si lo buscan, él dejará que ustedes lo hallen; pero si lo abandonan, él los abandonará».*

Dios también está en cada persona que ha recibido a Jesús como su Salvador.

«¿No saben que ustedes son templo de Dios y que el Espíritu de Dios habita en ustedes?» (1 Corintios 3.16).

«Porque nosotros somos templo del Dios viviente. Como Él ha dicho: "Viviré con ellos y caminaré entre ellos. Yo seré su Dios, y ellos serán mi pueblo"» (2 Corintios 6.16).

LA MANIFESTACIÓN DE SU PRESENCIA

Dios está presente en todas las iglesias, pero su presencia no se manifiesta en todas, Dios está en el corazón de todos los que lo han recibido, pero su presencia no se manifiesta en todos.

Quiero ilustrar esto de la siguiente manera: en medio de nosotros puede estar un millonario sin que nadie se dé cuenta, pero si ese millonario le diera a cada uno un millón de pesos, en ese momento, ¡se manifestó el millonario! Así también sucede con Dios, la manifestación de su presencia se puede ver por el resultado que produce en nosotros. Él es sanador, es paz, es amor, es gozo, es santo, es proveedor, es bueno...

En el Antiguo Testamento, Dios se manifestó en el tabernáculo:

«Moisés tomó una tienda de campaña y la armó a cierta distancia fuera del campamento. La llamó "la Tienda de la reunión con el SEÑOR". Cuando alguien quería consultar al SEÑOR, tenía que salir del campamento e ir a esa tienda [...] En cuanto Moisés entraba en ella, la columna de nube descendía y tapaba la entrada, mientras el SEÑOR hablaba

*con Moisés [...] Y hablaba el Señor con Moisés cara a cara,
como quien habla con un amigo»* (Éxodo 33.7, 9, 11).

Algo similar sucedió cuando Salomón dedicó el templo:

*«Cuando Salomón terminó de orar, descendió fuego del cielo
y consumió el holocausto y los sacrificios, y la gloria del
Señor llenó el templo. Tan lleno de su gloria estaba el templo,
que los sacerdotes no podían entrar en él. Al ver los israelitas
que el fuego descendía y que la gloria del Señor se posaba
sobre el templo, cayeron de rodillas y, postrándose rostro en
tierra, alabaron al Señor diciendo: "El Señor es bueno; su
gran amor perdura para siempre"»* (2 Crónicas 7.1–3).

Su presencia también se manifestó a personas como Jacob.
En Génesis 28.15–17 Dios le dijo:

*«"Yo estoy contigo. Te protegeré por dondequiera que vayas,
y te traeré de vuelta a esta tierra. No te abandonaré hasta
cumplir con todo lo que te he prometido". Al despertar Jacob
de su sueño, pensó: "En realidad, el Señor está en este lugar,
y yo no me había dado cuenta". Y con mucho temor, añadió:
"¡Qué asombroso es este lugar! Es nada menos que la casa de
Dios; ¡es la puerta del cielo!"».*

Dios también se manifestó a Moisés. En una ocasión cuando estaba cansado de su pueblo, le dijo a Moisés que iba a enviar al ángel pero que Él ya no los acompañaría más, y Moisés le respondió:

*«Si no vienes con nosotros, ¿cómo vamos a saber, tu pueblo y
yo, que contamos con tu favor? ¿En qué seríamos diferentes
de los demás pueblos de la tierra?»* (Éxodo 33.16).

Es la presencia de Dios la que nos hace diferentes a las demás personas.

«*—Está bien, haré lo que me pides —le dijo el* Señor *a Moisés—, pues cuentas con mi favor y te considero mi amigo*» (Éxodo 33.17).

En el Nuevo Testamento, la presencia de Dios se manifestó por medio de Jesús. Con respecto a Jesús Juan dijo: «Y hemos contemplado su gloria». Antes de ascender al cielo, Jesús prometió manifestarse por medio del Espíritu Santo.

«*Cuando llegó el día de Pentecostés, estaban todos juntos en el mismo lugar. De repente, vino del cielo un ruido como el de una violenta ráfaga de viento y llenó toda la casa donde estaban reunidos. Se les aparecieron entonces unas lenguas como de fuego que se repartieron y se posaron sobre cada uno de ellos. Todos fueron llenos del Espíritu Santo y comenzaron a hablar en diferentes lenguas, según el Espíritu les concedía expresarse*» (Hechos 2.1–4).

Cuando somos bautizados en el Espíritu Santo, la presencia de Dios se manifiesta en nosotros con señales y prodigios: lenguas, profecía, sanidades, discernimiento...

Su presencia es Dios con nosotros

Cuando Jesús nos prometió el Espíritu Santo dijo:

«*No los voy a dejar huérfanos; volveré a ustedes*» (Juan 14.18).

Hace más de veinte años, cuando estábamos a pocos días de empezar la iglesia, me di cuenta de la triste realidad de que yo no era nada; yo era una simple vasija de barro. Pero todavía pensaba en eso cuando Dios me habló y me dijo:

> «*Mi presencia irá contigo, y te daré descanso*» (Éxodo 33.14, RVR).

Hasta el día de hoy, Dios ha sido fiel a su promesa.

La presencia de Dios es el lugar a donde vamos por la fe cuando oramos

No siempre experimentamos la presencia de Dios, ni lo vemos, ni lo oímos, pero en esos momentos debemos creer por fe que Él se ha manifestado en medio de nosotros.

> «*Sin fe es imposible agradar a Dios, ya que cualquiera que se acerca a Dios tiene que creer que él existe y que recompensa a quienes lo buscan*» (Hebreos 11.6).

Cuando cerramos nuestros ojos vemos por la fe:

El trono de la gracia

> «*Así que acerquémonos confiadamente al trono de la gracia para recibir misericordia y hallar la gracia que nos ayude en el momento que más la necesitemos*» (Hebreos 4.16).

El lugar santísimo

> «*Así que, hermanos, mediante la sangre de Jesús, tenemos plena libertad para entrar en el Lugar Santísimo, por el*

*camino nuevo y vivo que él nos ha abierto a través de la
cortina, es decir, a través de su cuerpo [...] Acerquémonos,
pues, a Dios»* (Hebreos 10.19-20, 22).

El monte de Sión

*«El SEÑOR ha escogido a Sión; su deseo es hacer de este
monte su morada: "Éste será para siempre mi lugar
de reposo; aquí pondré mi trono, porque así lo deseo"»*
(Salmos 132.13-14).

La cima del monte

*«¿Quién puede subir al monte del SEÑOR? ¿Quién puede
estar en su lugar santo? Sólo el de manos limpias y corazón
puro [...] Quien es así recibe bendiciones del SEÑOR»*
(Salmos 24.3-5).

El lugar de oración

*«Pero tú, cuando te pongas a orar, entra en tu cuarto, cierra
la puerta y ora a tu Padre, que está en lo secreto. Así tu
Padre, que ve lo que se hace en secreto, te recompensará»*
(Mateo 6.6).

¿QUÉ ES ESA PRESENCIA ESPECIAL SOBRE NOSOTROS?

La presencia de Dios es bendición. Eso significa que a nosotros
todo nos sale bien, tenemos éxito y somos prósperos.

*«Fue así como el arca del SEÑOR permaneció tres meses en la
casa de Obed Edom, y el SEÑOR lo bendijo a él y a toda su
familia»* (2 Samuel 6.11).

Fue tan obvia la bendición de Dios sobre Obed Edom que por eso David quiso traer el arca a Jerusalén. Sus cultivos eran los mejores, sus hijas eran las más bonitas, a sus hijos les empezó a ir bien en el estudio, todo le salía bien...

Con respecto a José, Génesis 39.2–3 dice:

> *«Ahora bien, el* SEÑOR *estaba con José y las cosas le salían muy bien[...]su patrón egipcio[...]se dio cuenta que el* SEÑOR *estaba con José y lo hacía prosperar en todo[...]».*
> *La presencia de Dios no solo bendijo a José sino a los que estaban con él. «Por causa de José, el Señor bendijo la casa del egipcio Potifar» (Génesis 39.5).*

DIOS PREFIERE TRABAJAR CON NOSOTROS

Yo siempre me hacía preguntas como estas, ¿por qué unas iglesias crecen y otras no? ¿Por qué algunos cristianos son bendecidos y otros no? ¿Tengo que buscar la bendición de Dios o simplemente esperarla? ¿Tengo que buscar a mi esposa o espero que llegue?

Tal vez nos hagamos esta misma pregunta con respecto a la presencia de Dios, ¿lo tenemos que buscar o lo esperamos?

Dios respondió mis preguntas en un artículo que leí hace muchos años en la revista *Ministry Today*. Este artículo decía que aunque a Dios le gusta hacer las cosas por nosotros, Él prefiere trabajar con nosotros.

En este artículo el pastor Hee Kong contaba algo acerca de la iglesia *City Harvest* en Singapore. Ellos empezaron la iglesia y, por la gracia de Dios, en solo tres años pasó de tener una asistencia de veinte personas a tener mil trescientas personas. Esto es lo que muchos llamarían *un avivamiento*, Dios los estaba bendiciendo y estaba obrando a favor de ellos. Pero luego de un tiempo y sin razón alguna la iglesia dejó de crecer. Durante tres años hicieron todo lo posible para que siguiera creciendo, pero la iglesia se quedó estancada en mil trescientas personas.

En ese tiempo se dedicaron a consolidar y a discipular a los creyentes. La iglesia también se fortaleció en oración, guerra espiritual y liberación. Hicieron producciones en vivo de la alabanza y la adoración, pero nada lograba reactivar el crecimiento de la iglesia hasta que un día Dios le habló al pastor y le dijo: «A partir de hoy todo tiene que estar fundamentado en estos dos principios: Amar a Dios y amar a las personas. Si logran sacar de las cuatro paredes de la iglesia la unción que les he dado, en un año voy a doblar la asistencia y les voy a dar un crecimiento que ustedes nunca imaginaron».

Y así fue que en menos de un año la iglesia pasó de mil trescientos a tres mil personas. Cinco años después ya tenían más de once mil personas.

Como fruto de esa experiencia el pastor aprendió que durante los primeros tres años Dios había trabajado a favor de ellos. Pero ellos no entendieron que el propósito de ese avivamiento no fue que Dios les hiciera todo el trabajo sino que fue empoderar a la iglesia para que saliera a cumplir la gran comisión.

Dios quiere trabajar a favor de nosotros, pero Él prefiere trabajar con nosotros como hizo con los discípulos.

> *«Los discípulos salieron y predicaron por todas partes, y el Señor los ayudaba en la obra y confirmaba su palabra con las señales que la acompañaban»* (Marcos 16.20).

Tristemente, en un avivamiento, cuando Dios hace pone su favor sobre una iglesia, muchos toman una actitud pasiva y esperan que Dios lo haga todo. Es como cuando compramos un carro, tenemos dos opciones para pagarlo: a crédito o de contado. De todas formas lo tenemos que pagar, pero unos eligen pagarlo antes de disfrutarlo y otros después. Eso también sucede en un avivamiento, aunque por un tiempo una iglesia puede disfrutar de los beneficios del favor inmerecido de Dios, después tendrá que cumplir con la misión que Dios le dejó: atraer a las personas a Jesús, plantarlas en la iglesia, formar en ellas el carácter de Cristo, equiparlas para servir a Dios y vivir para adorar.

Esto también se aplica a una persona, a quien Dios ha bendecido o ha ungido a pesar de su carácter, tiene que trabajar muy duro en áreas de su vida para que su carácter llegue al mismo nivel que está la unción. Si no lo hace, la caída será desastrosa. Es por eso que aunque Dios quiere obrar a favor de nosotros, prefiere trabajar con nosotros.

Con respecto a la presencia de Dios. Algunos lo tienen simplemente por gracia, pero otros no, por eso debemos preguntarnos, ¿qué tenemos que hacer para atraerlo? ¿Qué hicieron hombres como David, Moisés, José o Job para conquistar el corazón de Dios? O mejor todavía, ¿qué hizo Jesús? Cuando Jesús se bautizó, el Padre expresa satisfacción cuando le dice:

«*Tú eres mi Hijo amado; estoy muy complacido contigo*» (Lucas 3.22).

Eso nos muestra que Jesús conquistó el corazón de su Padre porque todo lo que hizo desde que fue un niño, lo hizo para complacerlo.

«*Jesús crecía en sabiduría y en estatura, y en el favor de Dios y de toda la gente*» (Lucas 2.52, NTV).

El salmista menciona dos cosas que atraen la presencia de Dios: la santidad y la alabanza.

«*Pero tú eres santo, tú que habitas entre las alabanzas de Israel*» (Salmos 22.3, RVR).

Entonces, si queremos conquistar el corazón de Dios, necesitamos empezar a trabajar en nuestro carácter y debemos disciplinarnos para alabarlo todo el tiempo.

Estrella de la Mañana

Fui hecho para ti, para estar cerca de ti.
Fui hecho para ti, para adorar.
Llevaré al amanecer nuestro símbolo de amor.
Al cruzar el velo y descubrir tu amor.

Estrella de la mañana, luz en mi oscuridad
Jesús, junto a ti quiero estar.

Eres mi meta y mi deseo.
Estar contigo es lo que quiero.

Cuando la presencia
de Dios se va

Hace unos años estuve con mi esposa en una iglesia y la niña que dirigía la alabanza repetía una y otra vez: «Dios está aquí, Dios está aquí...», pero Él no estaba. No sé si ella repetía lo mismo porque sabía que Dios no estaba y lo estaba declarando por fe o si era simplemente una frase que a veces repetimos los cristianos sin pensar. Tristemente la presencia de Dios ya no se está manifestando en muchas iglesias.

En su oración de arrepentimiento David reconoce que Dios lo había abandonado y por eso le dice: «*No me alejes de tu presencia ni me quites tu santo Espíritu*» (Salmos 51.11).

LO QUE PODEMOS APRENDER DE LA HISTORIA

Debemos aprender de la historia, tanto de Israel como de la iglesia cristiana, para no cometer los mismos errores.

> «*Todo eso sucedió para servirnos de ejemplo, a fin de que no nos apasionemos por lo malo, como lo hicieron ellos. No sean idólatras, como lo fueron algunos de ellos, según está escrito: «se sentó el pueblo a comer y a beber, y se entregó*

al desenfreno». No cometamos inmoralidad sexual, como algunos lo hicieron, por lo que en un sólo día perecieron veintitrés mil. Tampoco pongamos a prueba al SEÑOR, como lo hicieron algunos y murieron víctimas de las serpientes. Ni murmuren contra Dios, como lo hicieron algunos y sucumbieron a manos del ángel destructor. Todo eso les sucedió para servir de ejemplo, y quedó escrito para advertencia nuestra» (1 Corintios 10.6–11).

NO LOS ACOMPAÑARÉ

En Éxodo 33, el Señor le dijo a Moisés que le iba a dar a Israel la tierra que le había prometido a Abraham, pero luego da una terrible noticia: ¡No los acompañaré!

«Enviaré un ángel delante de ti, y desalojaré a cananeos, amorreos, hititas, ferezeos, heveos y jebuseos. Ve a la tierra donde abundan la leche y la miel. Yo no los acompañaré, porque ustedes son un pueblo terco, y podría yo destruirlos en el camino» (Éxodo 33.2–3).

Muchos dirían: «Está bien, lo importante es que nos bendigas, que nos des propiedades, que me case…». Pero Moisés no quería bendiciones sino la presencia de Dios, por eso conquistó su corazón y Dios no solo los acompañó sino que también los bendijo. El Señor le dijo:

«Yo mismo iré contigo, Moisés, y te daré descanso; todo te saldrá bien» (Éxodo 33.14, NTV).

Fíjense que Dios no habla en plural, no dice: «Iré con ustedes», sino que le dice a Moisés: «Iré contigo, te daré descanso, todo te saldrá bien». En otras palabras, Israel fue bendecido gracias a Moisés.

EL ANATEMA EN MEDIO DEL PUEBLO

El Señor le hizo la misma promesa a Josué: «Yo estaré contigo». Por eso pudieron conquistar a Jericó, pero cuando salieron a conquistar una pequeña ciudad llamada Hai, los derrotaron y murieron treinta y dos hombres, todo porque un hombre llamado Acán se robó parte del botín que se debía destruir. Por un solo hombre toda la nación resultó perjudicada.

Cuando Josué le reclamó a Dios, Él le dijo:

> *«¡Israel ha pecado y ha roto mi pacto! Robaron de lo que les ordené que apartaran para mí. Y no sólo robaron sino que además mintieron y escondieron los objetos robados entre sus pertenencias. Por esa razón, los israelitas huyen derrotados de sus enemigos [...] No seguiré más con ustedes a menos que destruyan esas cosas que guardaron y que estaban destinadas para ser destruidas»* (Josué 7.11-12).

LA PRESENCIA DE DIOS EN EL INICIO DEL CRISTIANISMO

Dios, por medio del Espíritu Santo, se manifestó en toda su gloria durante los primeros siglos de la Iglesia Cristiana, pero luego dejó de manifestarse durante mil seiscientos años. No fue hasta comienzos del siglo veinte que se inició el mover pentecostal y su presencia volvió a manifestarse. Esto fue lo que profetizó Joel cuando habló de la lluvia temprana y la lluvia tardía (vea Joel 2.23).

El libro de Hechos nos relata el resultado que produjo la presencia de Dios en la iglesia. La iglesia empezó a crecer, primero ciento veinte, luego tres mil, y en Hechos 4.4 habla de cinco mil hombres sin contar mujeres y niños. Milagros, señales y prodigios.

«Todos estaban asombrados por los muchos prodigios y señales que realizaban los apóstoles» (Hechos 2.43).

Lo tenían todo en común y compartían sus bienes entre sí. No dejaban de reunirse en el templo ni un solo día. Alababan a Dios y toda la gente los querían. El Señor añadía a la iglesia los que iban siendo salvos y la iglesia se empezó a extender por todo el mundo.

A partir del año 100 hasta el año 313, los emperadores romanos persiguieron a la iglesia. Pero la persecución la mantuvo pura porque separó la cizaña del trigo. A pesar de la persecución, la iglesia siguió creciendo hasta que llegó a ser la institución más poderosa del imperio.

LOS SIGLOS OSCUROS

La persecución terminó con el edicto de Constantino en el año 313 y en el año 380 se reconoció el cristianismo como la religión oficial del imperio romano.

Pero lo que fue bueno al principio, terminó siendo algo malo porque la iglesia, en lugar de transformar el mundo, se dejó contaminar y se convirtió en una iglesia mundana.

Todos llegaron a pertenecer a la iglesia, los que amaban a Dios y los que no también.

La iglesia se convirtió en lo *play*, el lugar en el cual todos querían estar para relacionarse con personas importantes.

El púlpito se convirtió en un lugar apetecido para alcanzar poder social y político. Los ídolos paganos fueron «cristianizados» y cambiaron el nombre de los dioses paganos por el nombre de los apóstoles o supuestos santos, lo que trajo como resultado la idolatría. El mismo pecado que cometió Israel cuando Dios dijo: «No los acompañaré».

Además, comenzó una marcada diferencia entre el clero y los laicos. El clero empezó a decir: «somos los únicos que podemos interpretar la Biblia, somos los únicos que podemos orar y alabar a Dios, vamos a interceder por ustedes ante Dios», y por eso los laicos se convirtieron en simples asistentes.

Todo esto dio como resultado lo que se conoce como los siglos oscuros de la iglesia. Aunque Dios siempre tuvo un remanente, durante este tiempo la presencia de Dios no estaba en la iglesia. El Señor nos advirtió que esto sucedería cuando le dijo a la iglesia de Éfeso:

> *«Tengo en tu contra que has abandonado tu primer amor. ¡Recuerda de dónde has caído! Arrepiéntete y vuelve a practicar las obras que hacías al principio. Si no te arrepientes, iré y quitaré de su lugar tu candelabro»* (Apocalipsis 2.4–5).

PREPARAR EL CAMINO PARA LA PRESENCIA DE DIOS

La presencia de Dios se apartó de la iglesia durante los siglos oscuros del cristianismo, pero gracias a la reforma Dios empezó a restaurar lo que la iglesia necesitaba para recuperarla:

Lo primero fue llevar la Biblia a la gente. Para esto Dios inspiró a hombres que la tradujeron al lenguaje del pueblo y esto, dentro de la providencia de Dios, «coincidió» con el invento de la imprenta.

Se volvió a predicar la salvación por fe, pues anteriormente se enseñaba que el perdón de los pecados se lograba con dinero o con buenas obras.

Dios usó a hombres como Juan Wesley, George Whitefield, Charles Finney, a los moravos y a los puritanos con su predicación de santidad para que el mundo se preparara para recibir la visita del Espíritu Santo. El arrepentimiento que produce un cambio de vida es un preparativo para el Espíritu Santo: «*Arrepentíos, y bautícese cada uno de vosotros en el nombre de Jesucristo para perdón de los pecados; y recibiréis el don del Espíritu Santo*» (Hechos 2.38, RVR).

Por esto los primeros en recibir el bautismo en el Espíritu Santo después de los siglos oscuros pertenecían al movimiento de santidad, iglesias que hacían énfasis en las enseñanzas de John Wesley con respecto a la santificación completa y una segunda bendición. Por eso, en un tiempo en el que la presencia de Dios no se está manifestando en muchas iglesias, es necesario volver a las raíces del avivamiento pentecostal que fue el mensaje de santidad.

EL AVIVAMIENTO PENTECOSTAL

Dios usó a un metodista llamado Carlos Parham, de Topeka, Kansas, para encender la llama de este avivamiento. Parham sentía que los cristianos de Hechos tenían algo que la iglesia había perdido y fundó un instituto bíblico con el propósito de investigar qué nos hacía falta. Antes de la Navidad del año 1900, Carlos pidió a los estudiantes que encontraran en el libro de Hechos una señal que evidenciara el bautismo en el Espíritu Santo. Los cuarenta estudiantes estuvieron de acuerdo en que el factor común que siempre estuvo presente cuando las personas fueron bautizadas en el Espíritu Santo en la iglesia primitiva era el hablar en lenguas. Por eso al día siguiente se reunieron todos para buscar el bautismo en el Espíritu Santo. Oraron todo el día, pero nada sucedió. Por la noche una estudiante recordó que en ocasiones el bautismo en el Espíritu Santo estaba acompañado por la imposición de las manos, por eso pidió que impusieran sus manos sobre ella. Al comienzo Parham dudó un poco, pero cuando lo hizo, ella empezó a orar en lenguas. Durante los días siguientes muchos alumnos y pastores de varias denominaciones recibieron el bautismo en el Espíritu Santo.

En 1905 Carlos Parham fue a Houston, Texas, donde William Seymour, un predicador de raza negra que también predicaba el mensaje de santidad, fue bautizado en el Espíritu Santo. Invitaron a William Seymour a una iglesia en Los Ángeles para predicar acerca del Espíritu Santo, pero cuando dijo que la señal inicial del bautismo en el Espíritu Santo era hablar en lenguas, a la congregación no le gustó y le pidieron que se fuera. Por eso Seymour alquiló una pequeña iglesia Metodista en la calle de Azusa y allí fue que se inició lo que se conoce como el «Avivamiento de *Azusa Street*» que dio origen al mover pentecostal en el ámbito mundial.

EL AVIVAMIENTO CARISMÁTICO

Se inició en 1960 cuando el Espíritu Santo empezó a ser derramado en las iglesias de corte tradicional como los anglicanos, los luteranos, los bautistas, los presbiterianos, los metodistas, los menonitas, los nazarenos, los católicos, etc.

Esto se inició el 3 de abril de 1960 cuando el pastor Dennis Bennett, de la iglesia episcopal, le habló a los adinerados miembros de su parroquia acerca del mover pentecostal y de su experiencia personal de hablar en lenguas. La respuesta que recibió, fruto de esa predicación, fue un rechazo total: «Somos anglicanos y no campesinos locos... expulsen a esos condenados que hablan lenguas», gritaron algunos. Por esa razón Bennett renunció a su iglesia y se fue a pastorear a otro estado, pero lo que sucedió esa mañana en la parroquia de San Marcos en Van Nuys California, llamó la atención de las revistas *Time* y *Newsweek* quienes dieron tal publicidad al suceso que convirtieron a Dennis Bennett en el líder del despertar carismático.

Lo sucedido en la vida de Dennis se inició cuando otro pastor le habló acerca de una pareja de su iglesia que le había llamado su atención porque eran muy dadivosos y siempre estaban alegres. Ellos le dijeron que la causa de su gozo era el bautismo en el Espíritu Santo y el hablar en lenguas. Bennett quiso conocerlos y ellos le mostraron todo lo que dice la Biblia acerca del bautismo en el Espíritu Santo, oraron por él y fue bautizado en el Espíritu Santo.

La primera persona que recibió el Espíritu Santo en su iglesia fue una mujer que acudió a él con problemas de depresión. Él le dijo que tenía lo que ella necesitaba y le habló acerca de su experiencia con el Espíritu Santo. Después el Señor bautizó a su esposa e hijos y a algunos jóvenes de la iglesia. Dios empezó a prosperar y hacer milagros en todos los que habían recibido el bautismo en el Espíritu Santo.

El fruto del despertar pentecostal y carismático dio inicio a la renovación de la alabanza y la adoración que quitó la formalidad del culto, introdujo la música de adoración contemporánea y, gracias a eso, las personas en vez de cantar acerca de Dios empezaron a expresarle su amor y su adoración.

¿QUÉ HACE QUE LA PRESENCIA DE DIOS SEA QUITADA?

No podemos permitir que se repita lo que sucedió cuando la presencia de Dios se fue del pueblo de Israel y de la Iglesia Cristiana. Por eso necesitamos conocer lo que sucedió cuando Elí fue su sacerdote.

En 1 Samuel 4 dice que los israelitas salieron a la guerra contra los filisteos, pero los derrotaron y murieron unos cuatro mil. «*Cuando el ejército regresó al campamento, los ancianos de Israel dijeron: "¿Por qué nos ha derrotado hoy el Señor por medio de los filisteos? Traigamos el arca del pacto del Señor, que está en Siló,*

para que nos acompañe y nos salve del poder de nuestros enemigos"»
(1 Samuel 4.3).

Cuando llevaron el arca del pacto al campamento «*Los filisteos se acobardaron y dijeron: "Dios ha entrado en el campamento.
¡Ay de nosotros, que nunca nos ha pasado algo así! ¡Ay de nosotros!
¿Quién nos va a librar de las manos de dioses tan poderosos, que
en el desierto hirieron a los egipcios con toda clase de plagas?"»*
(1 Samuel 4.7–8).

Pero Israel no sabía que Dios ya los había abandonado.
El arca del pacto era simplemente el lugar en donde Dios se
había manifestado en el pasado, pero Dios ya no estaba ahí,
por eso...

«*Los filisteos se lanzaron al ataque y derrotaron a los
israelitas, los cuales huyeron en desbandada. La matanza
fue terrible, pues de los israelitas cayeron treinta mil
soldados de infantería. Además, fue capturada el arca
de Dios, y murieron Ofni y Finés, los dos hijos de Elí*»
(1 Samuel 4.10–11).

Hacía muchos años que la presencia de Dios se había
apartado de Israel, el arca simplemente era un testimonio de
los «buenos tiempos». Pero cuando capturaron el arca, Israel
comprendió su triste realidad, Dios ya no estaba con ellos.

La Biblia nos señala los pecados de los hijos de Elí y de Israel
como la razón por la cual la presencia de Dios se apartó de
ellos. Por estos mismos pecados nos puede faltar la presencia
de Dios:

- Perversidad.
- No conocer a Dios.
- Tomar de las ofrendas lo que le pertenece a Dios.
- Despreciar las ofrendas de la gente.

- Inmoralidad sexual, rebeldía y permisividad.
- Irrespeto ante la presencia de Dios.
- Familiaridad ante Dios.
- Seguir el patrón del mundo.

Como un trueno

Como un trueno
Escucho desde el cielo tu voz
Fuego eterno en tu mirada
Que a la tierra estremeció.

Clamé a mi Dios y Él me escuchó
Su mano me dio.
Oyó mi oración partió el cielo en dos
Victoria me dio.

Tú mi roca, mi refugio y mi protector
Tú me cuidas y me libras
Me escondiste en tu amor
Confiado en ti estoy.

© Su Presencia Producciones

La presencia de Dios no es compatible con el pecado

En 1 Samuel 2.12 dice que los hijos de Elí eran unos perversos, sinvergüenzas e impíos que no respetaban a Dios.

El pecado es la razón principal por la cual la presencia de Dios se ha apartado de grandes ministerios y de muchas iglesias. La presencia de Dios no es compatible con el pecado.

«¿Qué comunión puede tener la luz con la oscuridad?»
(2 Corintios 6.14).

En su oración de arrepentimiento, David reconoce que la presencia de Dios se había alejado de él por causa de su pecado. Por eso, cuando se arrepintió, le dijo al Señor:

«No me alejes de tu presencia ni me quites tu santo Espíritu»
(Salmos 51.11).

57

¿QUÉ ES EL PECADO?

Es la condición en la que todos nos encontramos desde antes de nacer. El salmista dijo: «*En pecado me concibió mi madre*» (Salmos 51.5, RVR).

Romanos 5.12 dice:

> «*Por medio de un solo hombre el pecado entró en el mundo, y por medio del pecado entró la muerte; fue así como la muerte pasó a toda la humanidad, porque todos pecaron*».

Es lo que nos separa de Dios. Romanos 6.23 dice que la paga del pecado es muerte, es decir separación de Dios.

Pecado, en griego, es *harmatia* y significa no darle al blanco, desviarse de la verdad y violar la ley de Dios. En Cristo somos santos, pero el pecado sigue en nosotros. Al respecto Pablo dijo:

> «*Y si hago lo que no quiero, ya no soy yo quien lo hace sino el pecado que habita en mí [...] Porque en lo íntimo de mi ser me deleito en la ley de Dios; pero me doy cuenta de que en los miembros de mi cuerpo hay otra ley, que es la ley del pecado*» (Romanos 7.20, 22–23).

El pecado es como una astilla en un dedo. Aunque es molesto no debemos permitir que nos controle. Pero para algunos, una astilla les acaba la vida, se quedan en cama, no van a trabajar. Lo mismo nos puede suceder cuando permitimos que el pecado nos controle.

> «*No permitan ustedes que el pecado reine en su cuerpo mortal, ni obedezcan a sus malos deseos*» (Romanos 6.12).

Lo que hizo caer a los «grandes»

Cuando leemos las biografías de los grandes siervos de Dios, a veces encontramos un capítulo al final en donde se nos habla de sus embarradas (desaciertos, errores). Lo que pasa es que la vida del cristiano es como el paracaidismo, lo importante no es empezar bien sino terminar bien. De nada sirve que un paracaidista haga una cantidad de piruetas en el aire si termina mal. Tristemente, muchos grandes hombres y mujeres de Dios terminaron mal y perdieron la unción que Dios les había dado por pecados como los siguientes:

- Un deseo exagerado de poder.
- Amor al dinero que trajo como resultado su mal uso, buscar el camino fácil para tener más posesiones y deudas.
- Una búsqueda desenfrenada del placer: fama, éxito, inmoralidad sexual, adulterio, homosexualidad, pornografía, y como resultado de esto muchos matrimonios se acabaron.
- La mundanalidad. Fiestas desenfrenadas, el alcohol (algunos terminan detenidos por manejar borrachos), drogas, todo por no tener límites claros con el mundo.
- No estar plantados en una iglesia, no rendirle cuentas a nadie, un espíritu no enseñable, no someterse a la autoridad y no someterse a la disciplina cuando es necesaria. Yo creo que el púlpito no se le debe dar a una persona que no esté plantada y comprometida en su iglesia.
- Relacionarse con las personas equivocadas y alejarse de los que Dios puso a su lado para confrontarlos.
- Errores doctrinales.

Si el pecado entristece al Espíritu Santo e impide que su presencia se manifieste en nosotros, ¿por qué muchos lo siguen permitiendo?

Han perdido su primer amor

El secreto para vivir en santidad es tener una buena relación con Dios, pero para eso necesitamos mantener nuestro primer amor.

> «*Tengo en tu contra que has abandonado tu primer amor. ¡Recuerda de dónde has caído! Arrepiéntete y vuelve a practicar las obras que hacías al principio. Si no te arrepientes, iré y quitaré de su lugar tu candelabro*» (Apocalipsis 2.4-5).

Para no perder el primer amor necesitamos pasar tiempo con Dios, oír su voz y hablar con Él.

No resolvieron los problemas de la niñez

Encuentro un factor común en las biografías de los grandes hombres y mujeres de Dios que terminaron mal, y es que el primer capítulo del libro casi siempre habla de una niñez con mucho dolor y sufrimiento. Hogares problemáticos, padres divorciados, pobreza, peleas, celos, alcoholismo, tabaco, abusos. Nuestro pasado no puede ser un impedimento para un buen futuro, pero para que esto suceda es necesaria la sanidad. Ignorar el pasado no resuelve el problema, todo lo contrario, lo empeora. Algunos prefieren sepultar su pasado antes que sanarlo y para eso usan de manera equivocada lo que Pablo dice: «*olvidando lo que queda atrás y extendiéndome a lo que está delante*». Pero no entienden que la única manera de sanar el dolor, el rechazo y el abuso del pasado es contárselo a Dios, permitir que Él los sane y perdonar a los que les hicieron daño. Sabemos que estamos sanos cuando podemos hablar al respecto sin sentir dolor.

«Olvidarás tu miseria, o te acordarás de ella como de aguas
que pasaron» (Job 11.16, RVR).

NO HICIERON LIBERACIÓN

La vida del cristiano sería más fácil y más productiva si lo primero que hiciéramos fuera liberar a las personas de su pasado
después de que reciben a Jesús.

«Para que sean borrados sus pecados, arrepiéntanse y
vuélvanse a Dios, a fin de que vengan tiempos de descanso
de parte del Señor» (Hechos 3.19).

Arrepentimiento significa cambiar de dirección; en el griego se usa la palabra *metanoneo* que significa un cambio de
mente. El arrepentimiento incluye confesar los pecados, renunciar a ellos, echar fuera a los demonios y cambiar nuestra
manera de pensar.

Necesitamos ser liberados del pecado, del ocultismo, de la
idolatría, de las ataduras sexuales, de las maldiciones genera-
cionales, del alcoholismo, de las drogas, del tabaquismo, de
las enfermedades, de la pobreza, de la religiosidad, de la rebeldía, de la mentira, del mundo, de las ligaduras emocionales y
sexuales, de la depresión, de la muerte…

SUS CREENCIAS EQUIVOCADAS

La cruz es un mensaje de gracia pero también de justicia:

LA JUSTICIA DE DIOS exige que se cumpla la sentencia de
muerte sobre los que violaron la ley de Dios. *«La paga del pecado*
es muerte» (Romanos 6.23).

Pero EN SU GRACIA, Dios encontró una manera de perdonarnos y liberarnos del castigo que merecíamos, la muerte

eterna. «*La dádiva de Dios es vida eterna en Cristo Jesús, nuestro Señor*» (Romanos 6.23).

La solución fue Jesús, quien tomó nuestro lugar y murió por nosotros. La justicia y la gracia se besaron en la cruz.

«*El amor y la verdad se encontrarán; se besarán la paz y la justicia*» (Salmos 85.10).

El evangelio es un mensaje de gracia y de justicia. Aunque por gracia somos perdonados, no podemos olvidar que Jesús tuvo que morir para satisfacer la justicia de Dios. No podemos separar la justicia de la gracia. La predicación de la gracia sin santidad lleva al libertinaje y la predicación de la santidad sin la gracia lleva al legalismo.

EL LIBERTINAJE

Un pastor amigo me dijo: «Es que a nosotros nos criaron padres y pastores legalistas, en nuestra iglesia todo era prohibido: la televisión, el cine, nos decían que en silla de escarnecedores nos habíamos sentado. Nos prohibían todo: Disney, la música secular, la batería y las guitarras, el baile, el deporte, tomarse un vinito, tener novia, la ropa bonita, que las mujeres usaran pantalones, el maquillaje, los aretes, que las mujeres se arreglaran. En otras palabras, mientras más fea, más santa. Nos obligaban a ir a la iglesia, solo podíamos relacionarnos con cristianos, teníamos que sonreír y aparentar felicidad. Por eso, muchos de los que fuimos formados bajo ese yugo nos fuimos al otro extremo y ahora no predicamos en contra del pecado, sino acerca del perdón de nuestros pecados. No condenamos al pecador, sino que lo motivamos a tener una vida victoriosa. No predicamos el mensaje de la cruz, sino el mensaje de fe. No hablamos de los demonios, sino acerca de Jesús».

Yo he visto el resultado positivo que el mensaje de solo gracia ha producido en algunos, pero también he visto las consecuencias negativas: libertinaje, mundanalidad, alcoholismo, drogas, corazones destrozados, depresión, suicidio, matrimonios destrozados, apatía e indiferencia hacia Dios, falta de compromiso con Dios y con la iglesia.

Por otra parte, he visto el resultado que el mensaje equilibrado de gracia y de justicia que nosotros predicamos ha producido en las personas de la iglesia: cristianos apasionados, personas comprometidas con Dios, prosperidad, milagros.

En algunas iglesias no quieren predicar santidad porque creen que tener el mundo en la iglesia es la única manera de atraer a los jóvenes. Nuestra iglesia muestra que los jóvenes necesitan el mensaje de santidad, ellos quieren saber qué es bueno y qué es malo, ellos necesitan límites en su vida. No en vano la mitad de nuestra iglesia está compuesta de jóvenes.

Jesús predicó un mensaje equilibrado de gracia y de justicia, de amor y de santidad. Pero algunos se han ido al extremo de decir que Jesús predicó la ley o el Antiguo Testamento para que la gente comprendiera que necesitaba la gracia. Eso no es cierto. Jesús predicó el evangelio, un mensaje de gracia y de justicia.

«Pues la ley fue dada por medio de Moisés, mientras que la gracia y la verdad nos ha llegado por medio de Jesucristo» (Juan 1.17).

Jesús vivió y predicó un mensaje equilibrado de gracia y de verdad, de amor y de justicia. Él no vino a anular la ley sino a cumplirla (vea Mateo 5.17).

No somos salvos por la ley sino por la gracia, pero ahora que somos salvos cumplimos lo que Jesús predicó. En 1 Corintios 9.21, Pablo dice que obedece la ley de Cristo, entonces no se trata de conocer la ley, sino la voluntad de Dios. Jesús dijo:

«No todo el que me dice: "Señor, Señor", entrará en el reino
de los cielos, sino sólo el que hace la voluntad de mi Padre
que está en el cielo» (Mateo 7.21).

OTRA CREENCIA EQUIVOCADA ES EL LEGALISMO

Legalismo es predicar salvación por obras y no por gracia. Es
judaizar, y fue esto lo que Pablo tuvo que solucionar en sus
cartas porque algunos querían obligar a los gentiles a practicar
las leyes que Dios había dado a los judíos como la circuncisión,
las fiestas y el *shabbat*. Cuando Pablo dice que la ley no sirve
para nada, se refiere a las leyes ceremoniales de los judíos, no
a las leyes morales.

Legalismo es imponer en otros nuestros conceptos perso-
nales con respecto a la ropa, la comida y otras cosas.

Legalismo es predicar y no aplicar. En una ocasión la esposa de un pastor llevó su cama a la iglesia porque dijo que
quería estar casada con el que predicaba en el púlpito y no
con el que tenía en casa. Como dice el dicho: «el cura predica,
pero no aplica».

Legalismo es juzgar y atacar el pecado de una persona sin
ir a la raíz del problema. De nada sirve cortar las ramas si no
arrancamos la raíz.

¿Qué significa que no estamos bajo la ley sino bajo la
gracia?

- Que no somos declarados justos por nuestros esfuerzos
  humanos sino por nuestra fe en Jesús.
- Que Dios escribió su ley en nuestros corazones. «*Pondré
  mi ley en su mente, y la escribiré en su corazón*» (Jeremías
  31.33).
- Que ahora cumplimos la ley de Dios no porque nos toca
  sino porque queremos.

- Que lo que produce un cambio de vida no es una religión sino una relación.

OTRA CREENCIA EQUIVOCADA ES «SALVOS SIEMPRE SALVOS»

La salvación no es una oración que hacemos sino un cambio de vida. Jesús dijo:

> «No todo el que me dice: "Señor, Señor", entrará en el reino de los cielos, sino sólo el que hace la voluntad de mi Padre que está en el cielo» (Mateo 7.21).

La salvación se muestra por medio del fruto. Jesús dijo:

> «Un buen árbol produce frutos buenos y un árbol malo produce frutos malos... De la misma manera que puedes identificar un árbol por su fruto, puedes identificar a la gente por sus acciones» (Mateo 7.17, 20 NTV).

Con respecto a la salvación hay dos interpretaciones diferentes, unos creen que la salvación no se pierde y otros que sí. Ninguno puede decir que su interpretación es una verdad absoluta porque para cada interpretación hay versículos que lo sustentan. Yo he optado en creer que la salvación se puede perder por las siguientes razones:

En primer lugar he visto el fruto que ha producido en algunas personas la enseñanza "salvos siempre salvos": una vida de pecado, inmoralidad sexual, libertinaje y desenfreno. Una persona que quiere seguir pecando obviamente prefiere esta interpretación.

Prefiero prevenir que tener que lamentar. Es posible que cuando llegue al cielo el Señor me diga que estaba equivocado, que hubiera podido «mentir, tomar un trago, serle infiel a mi esposa y aun así ser salvo». Pero si estoy equivocado en mi interpretación, lo bueno es que no estoy arriesgando la salvación de nadie. Sin embargo, si los equivocados son los que enseñan que la salvación no se pierde, harán que por culpa de ellos muchas personas se vayan al infierno. En Ezequiel 3.18 el Señor nos advierte a los predicadores: «*Si tú no le hablas al malvado ni le haces ver su mala conducta, para que siga viviendo, ese malvado morirá por causa de su pecado, pero yo te pediré cuentas de su muerte*».

Aunque la Biblia habla de la seguridad del creyente, no podemos obviar los versículos que dicen que:

- Es posible que nuestros nombres sean borrados del libro de la vida (Apocalipsis 22.19).
- Una persona en tiempos de prueba podría apartarse de Dios (Lucas 8.13).
- Un cristiano débil se puede alejar de Dios por el mal ejemplo de otros (1 Corintios 8.11).
- Los que practican el pecado no heredarán el reino de Dios (Gálatas 5.21).
- Los que después de conocer a Jesús se vuelven a esclavizar al pecado, terminan en peores condiciones de las que estaban al principio (2 Pedro 2.20-21).
- El que peca deliberadamente está pisoteando la sangre de Cristo y pone en riesgo su salvación (Hebreos 10.26-29).

Respecto a la seguridad del cristiano, la Biblia dice que Dios no quiere que nadie se pierda y por eso ha provisto un plan de salvación mediante el cual todos pueden ser salvos, pero es el ser humano el que decide aceptar o no el regalo de salvación.

La Palabra nos enseña que la salvación se recibe y se conserva por fe: «*por gracia ustedes han sido salvados mediante la fe; esto no procede de ustedes sino que es el regalo de Dios, no por obras, para que nadie se jacte*» (Efesios 2.8–9). Aunque no somos salvos por nuestras obras, no podemos seguir pecando porque el pecado habitual afecta nuestra fe y por consiguiente nuestra relación con Dios. Para que esto no suceda, no podemos dejar que el pecado reine en nuestro cuerpo (vea Romanos 6.12). Dios va a hacer todo lo posible para que no nos alejemos de Él, pero si dejamos de creer, somos nosotros los que nos alejamos de Dios.

La Biblia dice que en Cristo somos salvos, santos, perdonados, sanos, prósperos..., sin embargo, no debemos confundir la posición del cristiano con su verdadera condición. Una cosa es lo que somos en Cristo y otra lo que realmente somos: en Cristo somos santos, pero en realidad estamos en un proceso de formación para ser santos.

«*Ustedes antes eran oscuridad, pero ahora son luz en el Señor. Vivan como hijos de luz*» (Efesios 5.8).

Alejarnos de Dios no es una decisión que tomamos de la noche a la mañana, sino la suma de muchas decisiones. No es una vuelta de ciento ochenta grados, sino de nueve grados por año. Es lo que en una ocasión el pastor Silvano Espíndola llamó: «la curva ancha del cristiano» y lo quiero ilustrar con Lot. Aunque él no perdió su salvación, sus decisiones equivocadas hicieron que su familia se perdiera.

Todo empezó cuando Lot tomó una decisión basada en los beneficios temporales y no en la voluntad de Dios. Él eligió vivir en el valle del Jordán y no el desierto. Lo siguiente que hizo fue alejarse de Abraham, en términos actuales eso sería lo mismo que alejarse de la iglesia. Después instaló su tienda mirando hacia Sodoma. A nosotros nos pudiera suceder lo mismo si empezáramos a desear la vida de los ricos y famosos que vemos en televisión. En Génesis 13.12 dice que Lot fue «*estableciendo su campamento cerca de la ciudad de Sodoma*». Hasta que finalmente lo encontramos habitando en Sodoma (vea Génesis 14.12). Lot se fue acercando más y más, hasta que terminó viviendo en Sodoma.

En 2 Pedro 2.7–8 dice que Lot fue un hombre justo que se sentía mal por la inmoralidad y la perversión que veía y oía; pero yo me pregunto: ¿Qué hace un justo viviendo en Sodoma? o ¿qué hace un cristiano viviendo en medio del mundo?

NO ENTENDER LA MISERICORDIA DE DIOS

En el Antiguo Testamento encontramos historias de reyes que aunque hicieron lo malo delante de Dios, Él los bendijo y los favoreció. Lo mismo sucedió con Sansón, un hombre sin carácter, rebelde y mujeriego; pero siempre que necesitó la ayuda de Dios, la unción venía sobre su vida. Esto es lo que yo llamo: «Gracia a pesar de nosotros».

Una situación en la cual yo vi la gracia de Dios, a pesar de mí, ocurrió antes de conocer a mi esposa. Tuve una novia fuera de la voluntad de Dios y como en ese entonces no nos hablaban claro acerca de los peligros de un beso largo, sucedió que nos dimos un beso de más de veinte segundos. «Se prendieron los motores» y mi mano comenzó a hacer cosas que no debía hacer. Esa noche me sentí mal y aunque confesé mi pecado, sentí que le había fallado a Dios.

Al día siguiente teníamos una reunión en la iglesia y yo tenía que ministrar porque era el líder de alabanza. Sabía que no debía hacerlo, pero fui incapaz de hablar con el pastor e hice lo que siempre hacía, ir al piano y dirigir la alabanza. Pero esa noche sucedió algo especial, a pesar de mi pecado Dios se manifestó de una manera impresionante y eso me dejó un poco confundido.

Basado en esa experiencia pude haber llegado a ciertas conclusiones, crear una doctrina de «gracia barata» y hasta decir que no era necesario ser santo para ministrar. Sin embargo, sabía que a Dios no le gustaba lo que yo había hecho porque Él es santo, pero en su misericordia Él ministró esa noche a pesar de mi pecado. Si yo hubiera continuado con ese pecado, con el tiempo la presencia de Dios se habría apartado de mí, al igual que le pasó a Sansón.

A muchos hombres de Dios les ha pasado algo similar y Dios, a pesar del pecado cometido, se siguió manifestando en sus vidas y siempre que ministraban llegaba la unción, los enfermos eran sanados y el manto profético estaba ahí. Y así permitieron otros pecados en sus vidas hasta que un día Dios no los soportó más y quitó su presencia.

Jesús dijo que en el día del juicio algunos van a decir:

«"Señor, Señor, ¿no profetizamos en tu nombre, y en tu nombre expulsamos demonios e hicimos muchos milagros?" Entonces les diré claramente: "Jamás los conocí. ¡Aléjense de mí, hacedores de maldad!" [...] No todo el que me dice: "Señor, Señor", entrará en el reino de los cielos, sino sólo el que hace la voluntad de mi Padre que está en el cielo» (Mateo 7.22–23 y 21).

LISTADO DE PECADOS

La presencia de Dios se alejó de David por causa de su pecado y por eso, en Salmos 51, él se arrepiente y le pide a Dios que lo vuelva a acompañar. Cuando yo era niño marqué en mi Biblia todos los versículos que mencionaban los pecados o acciones que no le agradan a Dios. Mi deseo era hacer la voluntad de Dios.

Recuerdo que en una ocasión me metí en la cocina del instituto bíblico en donde vivíamos y me robé una pastilla de chocolate. Me escondí entre el pasto de un potrero que quedaba detrás del instituto y allí me la comí. En ese instante por casualidad sonó una trompeta y pensé que se trataba de la venida del Señor y que por ladrón me quedaría. Nunca olvidaré esa experiencia porque fue como un aviso de Dios acerca de lo importante que es estar siempre listos para su venida. Muchos cristianos no saben qué es pecado porque en muchas iglesias no se predica acerca del pecado y porque no leen sus Biblias. Desde niño resalté en mi Biblia los versículos en donde se habla del pecado y quiero darles los versículos que Dios usó para establecer límites en mi vida.

Efesios 4 y 5 menciona los pecados que entristecen al Espíritu Santo:

- Seguir haciendo lo que hacíamos antes de conocer a Jesús. Efesios 4.22–24
- La mentira. Efesios 4.25. El primer pecado que Dios confrontó en el inicio de la iglesia fue la mentira. La Biblia dice que Ananías y Safira murieron por mentir y como resultado, «*un gran temor se apoderó de toda la iglesia y de todos los que se enteraron de estos sucesos*». Hechos 5.11
- Dejar que el enojo nos controle. Efesios 4.26
- El robo. Efesios 4.28
- Conversaciones obscenas, palabras indecentes y chistes groseros. Efesios 4.29, 5.4
- Amargura, furia, enojo, palabras ásperas, calumnias y toda clase de mala conducta. Efesios 4.31
- Inmoralidad sexual. Efesios 5.3
- Borracheras. Efesios 5.18

Gálatas 5.19–21 agrega otros pecados:

- Inmoralidad sexual, adulterio, fornicación, impurezas, libertinaje y lascivia.
- Idolatría y brujería.
- Odio, discordia, celos, arrebatos de ira, rivalidades, disensiones, sectarismo y envidia.
- Borracheras y desenfreno sexual como consecuencia del trago.

Marcos 7.21–22 presenta otro grupo de pecados:

- Malos pensamientos.
- Inmoralidad sexual, robos, homicidios, adulterios.
- Avaricia, maldad, engaño, libertinaje, envidia y calumnia.
- Arrogancia y necedad.

Primera de Pedro 4.3–4 menciona los siguientes pecados:

- Agradar a los incrédulos.
- Inmoralidad, y pasiones sexuales, parrandas, borracheras, fiestas desenfrenadas, y la abominable adoración a ídolos.

Santiago nos habla del pecado de la mundanalidad.

> «¿No saben que la amistad con el mundo es enemistad con Dios? Si alguien quiere ser amigo del mundo se vuelve enemigo de Dios» (Santiago 4.4).

Primera de Juan 2.15–17 dice que amar al mundo es pecado y del mundo provienen los malos deseos del cuerpo, la codicia de los ojos y la arrogancia de la vida.

Primera de Juan 2.11 dice: «el que odia a su hermano está en la oscuridad [...] y no sabe a dónde va».

Segunda de Pedro 2.12-14 habla de los pecados que llevan a algunos cristianos a apostatar de su fe: «*se guían únicamente por el instinto [...] Su concepto de placer es entregarse a las pasiones desenfrenadas [...] Tienen los ojos llenos de adulterio y son insaciables en el pecar*».

Primera de Tesalonicenses 4.3-6 habla de perjudicar o aprovecharse sexual o emocionalmente de otra persona o, como decimos en Colombia, «rumbeársela». En una ocasión fui a comprar unos aguacates a una vendedora en la calle, pero como yo estaba tocándolos para ver cuáles estaban listos, la señora me dijo: "Si no me los va a comprar, no me los magulles". En ese momento el Señor me dijo que él le mandaba a decir eso mismo a los muchachos de la iglesia: "Si no te vas a casar con esa niña, no me la magulles o en otras palabras, no me la manosees".

Apocalipsis 21.8 dice que los que cometen los siguientes pecados recibirán como herencia el infierno: cobardía, incredulidad, homicidio, fornicación (inmoralidad sexual), hechicería (artes mágicas), idolatría y mentira.

LO IMPORTANTE NO ES LA SALVACIÓN SINO LA RELACIÓN

No cumplimos la Palabra de Dios para ser salvos, sino para tener una buena relación con Dios, conquistar su corazón, atraer su presencia y llegar a ser grandes en el reino del cielo.

Jesús dijo:

«*No piensen que he venido a anular la ley o los profetas; no he venido a anularlos sino a darles cumplimiento. Les aseguro que mientras existan el cielo y la tierra, ni una letra ni una tilde de la ley desaparecerán hasta que todo se haya cumplido. Todo el que infrinja uno solo de estos mandamientos, por pequeño que sea, y enseñe a otros a hacer lo mismo, será considerado el más pequeño en el reino de los cielos; pero el que los practique y enseñe será considerado grande en el reino de los cielos»* (Mateo 5.17–19).

Durante toda mi vida he sido testigo de grandes iglesias y ministerios impresionantes que hoy no son nada porque la presencia de Dios no es compatible con el pecado.

Perdóname

Te entrego mi corona
Me rindo ante tu majestad
Nadie más sabio que tú Jesús
Para guiarme en mi caminar.

Padre mío vengo a ti
Quiero adorarte
Te entrego mi corazón
Acepto tu perdón.

Eres todo lo que tengo
Nunca dejaré de honrarte.

¿Cómo es su Dios?

Primer de Samuel 2.12 dice que los hijos de Elí *«no tomaban en cuenta a Dios»* y en la Reina-Valera dice que *«no tenían conocimiento de Jehová»*. La presencia de Dios se puede apartar de nosotros por no conocer la Palabra de Dios y por no conocer a Dios.

NO CONOCER LA PALABRA DE DIOS

Es impactante ver la cantidad de predicadores y músicos que al hablar no dan Palabra de Dios o dicen una cantidad de «burradas» simplemente porque no conocen la Biblia, no la leen, no la estudian, no meditan en ella. Un cristiano verdadero lee su Biblia todos los días.

Si usted no lee la Biblia, ¿qué está predicando? ¿Qué está ministrando? ¿Qué está cantando? ¿Qué está diciendo? ¿Qué inspira sus canciones? ¿Pensamientos humanos? ¿Frases célebres de grandes personalidades? ¿Filosofías humanas? ¿O lo que leyó en Condorito?

La falta de conocimiento bíblico o la falta de disciplina para la lectura diaria de la Biblia es lo que ha llevado a muchos predicadores a improvisar o supuestamente profetizar. Necesitamos palabra profética, pero inspirada en la Biblia, porque hoy se oye mucha profecía que es hueca o se oye a personas que siempre repiten lo mismo sin decir nada.

En Juan 14.26 Jesús dijo que el Espíritu Santo «*les hará recordar todo lo que les he dicho*», pero para que esto suceda necesitamos saber lo que dijo Jesús y para eso tenemos que leer la Biblia todos los días. Una persona que no conozca la Biblia no debe predicar ni ministrar.

En 1 Samuel 3.1 dice que «*en esos tiempos no era común oír palabra del Señor*», en la Reina-Valera dice: «*Y la palabra de Jehová escaseaba en aquellos días*». ¿Por qué escaseaba? Porque Dios solo le habla a los que obedecen su Palabra.

Seguramente predicaban, pero no era la Palabra de Dios para el momento, no era el *rhema* de Dios, no era relevante, no confrontaba, no desafiaba, no llevaba a la gente a tomar decisiones. Muchos recordamos sentarnos en una iglesia a oír nada, ni siquiera se entendía lo que el predicador decía. Pues eso es lo mismo que está sucediendo hoy, en muchos lugares «no es común oír Palabra de Dios».

La primera vez que David trató de llevar el arca a Jerusalén falló en su intento simplemente porque no leyó la ley de Dios. Por eso en 1 Crónicas 15.13 David dijo:

> «*La primera vez ustedes no la transportaron ni nosotros consultamos al Señor nuestro Dios, como está establecido; por eso él se enfureció contra nosotros*».

En el segundo intento tuvieron éxito porque consultaron a Dios.

> «*Los descendientes de los levitas, valiéndose de las varas, llevaron el arca de Dios sobre sus hombros, tal como el Señor lo había ordenado por medio de Moisés*» (1 Crónicas 15.15).

Si logramos que la iglesia lea la Biblia, la ética cristiana no sería impuesta por los pastores sino directamente por la Palabra de Dios. Si enseñamos la Palabra de Dios a nuestros hijos, no importará que sus compañeros del colegio se emborrachen, fumen, rumbeen o hagan cosas indebidas, nuestros hijos jamás las harán.

«Ama al SEÑOR tu Dios con todo tu corazón y con toda tu alma y con todas tus fuerzas. Grábate en el corazón estas palabras que hoy te mando. Incúlcaselas continuamente a tus hijos. Háblales de ellas cuando estés en tu casa y cuando vayas por el camino, cuanto te acuestes y cuando te levantes. Átalas a tus manos como un signo; llévalas en tu frente como una marca; escríbelas en los postes de tu casa y en los portones de tus ciudades» (Deuteronomio 6.5-9).

El salmista dijo:

«¿Cómo puede el joven llevar una vida íntegra? Viviendo conforme a tu palabra» (Salmos 119.9).

«En mi corazón atesoro tus dichos para no pecar contra ti» (Salmos 119.11).

Un papá le preguntó a su hijo ya mayor: «¿A qué le atribuyes el vivir una vida cristiana comprometida y no como otros hijos de cristianos?». Y él respondió: «Gracias a que todas las noches mi mamá nos leía la Biblia y oraba por nosotros».

NO CONOCER A DIOS

Hoy muchos conocen acerca de Dios pero no conocen a Dios porque no oran, no pasan tiempo a solas con Él, no le hablan, no caminan con Él, no toman «café con Jesús». Conocen el

Dios de Abraham, de Isaac, de Jacob, de Pablo, de su pastor, de Calvino, de San Agustín, de su escritor o predicador favorito; pero no conocen a Dios de manera personal. Después de su prueba, Job le dijo al Señor:

> «*De oídas había oído hablar de ti, pero ahora te veo con mis propios ojos*» (Job 42.5).

En una ocasión mi esposa le preguntó a mi papá: «Bill, ¿cómo es tu Dios?». Mi papá era profesor de teología y por eso le contestó teológicamente: «Dios es Todopoderoso, es omnisciente, es eterno, es inmutable, es soberano». Pero entonces mi esposa le dijo: «No quiero que me hables del Dios de los teólogos sino del Dios con el cual tú te relacionas todos los días. ¿Cómo es él? ¿De qué le gusta hablar? ¿Qué le gusta hacer? ¿Sonríe o está enojado? ¿Es bueno o malo? ¿Cuál es su color favorito? ¿Cómo se relaciona contigo?». Yo estaba oyendo esa conversación y quedé impactado porque aunque hablamos de tener una relación personal con Dios, seguimos viendo a Dios a través de los ojos de otros, según sus perspectivas y aun sus filosofías pero, ¿qué me garantiza que el dios que ellos nos han presentado es el Dios verdadero revelado en las Escrituras?

Esta es una pregunta muy común en nuestra iglesia. La hacemos porque queremos saber si el dios que ellos ven cuando adoran es el Dios verdadero, porque es posible que estemos adorando a un dios equivocado, fruto de las malas experiencias de la vida o según lo que nos enseñó la religión.

Por esto muchos no adoran al Dios verdadero, sino a un dios que ha tomado su lugar y por esa razón es que en su mente ven a un dios malo, aburrido, pobre, que los juzga, los condena, los golpea y los trata mal, tampoco los cuida, nunca está con ellos, no los abraza y no los ama. Por eso,

¿cómo es su Dios? ¿Es bueno o malo? ¿Cree usted que las desgracias, la enfermedad, la pobreza, el hambre, el maltrato, los abusos físicos, sexuales y verbales son la voluntad de Dios?

«DIOS NO TIENE EMOCIONES»

Durante mucho tiempo la perspectiva clásica acerca de Dios nos ha hecho creer en un Dios que nada lo mueve, que no tiene emociones, que no está interesado en su creación. Tristemente, filosofías de hombres como Platón y Aristóteles influenciaron la teología tradicional. Por ejemplo, Aristóteles decía que lo perfecto no se puede cambiar. Entonces, según eso, si Dios es perfecto, nada lo mueve. Tomás de Aquino, influenciado por estas filosofías, enseñó que el primer motor hace mover los otros motores, pero nadie mueve ese primer motor. En cierto sentido esta afirmación es verdad porque Dios es el creador de todo, Él fue quien puso el universo en movimiento y sin Él nada funcionaría. Pero esta enseñanza también nos da a entender que a Dios nada lo mueve, nada lo afecta, Él está por encima de las emociones y por eso no experimenta ni placer ni dolor.

Esto no es lo que dice la Biblia, en ella encontramos a un Dios que se relaciona con su creación, que siente placer y también dolor, que se siente complacido pero también desilusionado. Un Dios que se conmueve, que reacciona ante nuestras acciones, que responde a nuestras oraciones y, en ocasiones, cuando es necesario, cambia de parecer.

LAS EMOCIONES DE DIOS

Génesis 6.5-6 dice que cuando Dios vio que la maldad en la tierra era muy grande y que los pensamientos de las personas tendían hacia el mal, se arrepintió de haber hecho al ser humano y le dolió en su corazón.

En el libro de Oseas, el Señor muestra que siente por Israel el mismo dolor que siente un hombre cuando su esposa le es infiel.

En Job 1.8 Dios expresa lo orgulloso que se siente de Job.

Sofonías 3.17 nos habla de un Dios alegre, que se regocija sobre nosotros cantando.

Cuando Jesús se bautizó, según Mateo 3.17, el Padre expresó lo complacido que estaba con Él.

En Apocalipsis 4.11 dice que fuimos creados para el placer de Dios.

En la parábola del hijo pródigo, en Lucas 15, encontramos el cuadro de Dios como un papá que espera ansiosamente el regreso de su hijo.

En Isaías 49.15–16 Dios se compara con una mamá compasiva que nunca olvidará ni abandonará a su hijo.

DIOS SE ARREPIENTE

Con respecto a su carácter, Dios no cambia: «*Yo, el Señor, no cambio*» (Malaquías 3.6). Pero en su interacción con nosotros, es flexible.

En Éxodo 32.14, como resultado de la oración de Moisés, «*el Señor cambió de parecer en cuanto al terrible desastre con que había amenazado destruir a su pueblo*» (NTV).

Lo mismo sucedió en 2 Reyes 20.1–6 cuando el rey Ezequías se enfermó gravemente y el Señor le dijo que pusiera su casa en orden porque iba a morir, Ezequías le rogó al Señor que lo sanara y lloró amargamente. En respuesta a su oración Dios lo sanó y le dio quince años más de vida.

Jeremías 26.19 nos narra cómo el rey Ezequías y el pueblo de Judá se arrepintieron de sus pecados y por eso el Señor cambió de parecer con respecto al mal que había profetizado en contra de ellos.

Y en Jeremías 18.7 el Señor dice:

> «*En un momento puedo hablar de arrancar, derribar y destruir a una nación o a un reino; pero si la nación de la cual hablé se arrepiente de su maldad, también yo me arrepentiré del castigo que había pensado infligirles. En otro momento puedo hablar de construir y plantar a una nación o a un reino. Pero si esa nación hace lo malo ante mis ojos y no me obedece, me arrepentiré del bien que había pensado hacerles*».

Esto quiere decir que Dios reacciona ante nuestras acciones. Según Jonás 3.10, todos en la ciudad de Nínive se convirtieron de su mal camino y Dios se arrepintió del mal que dijo que les haría.

En 1 Samuel 15.11 y 35, vemos que Dios se arrepintió de haber puesto a Saúl como rey de Israel. ¿Se equivocó? No. Saúl tomó decisiones equivocadas.

¿ES DIOS CULPABLE DE TODAS LAS DESGRACIAS?

¿Por qué Dios permite el hambre? ¿Por qué Dios no hace algo para acabar con la pobreza? ¿Por qué Dios permite que una persona con un arma mate a un grupo de niños? ¿Por qué permite la violencia, los abusos sexuales, el divorcio, el pecado, la maldad? ¿Por qué nacen niños enfermos? ¿Por qué permitió que mis padres se divorciaran? ¿Por qué permitió que me casara con la persona equivocada? ¿Por qué permitió que mi hijo se subiera a ese carro en el que murió? ¿Por qué Dios no hace nada?

Estas son preguntas que generalmente hacen las personas con respecto a Dios, lo que nos muestra que la mayoría cree que Él es el culpable de todas las desgracias de la humanidad. Pero aunque Dios hizo el mundo y todo lo que hay en este; aunque Él es quien nos da la vida, en Él vivimos, nos movemos y somos. Aunque todo necesita de Dios para poder subsistir, Dios estableció leyes naturales y espirituales que son las que rigen el universo. Cuando el ser humano viola esas leyes, le está entregando el control de su vida al diablo, por eso la Biblia dice:

> «el mundo entero está bajo el control del maligno» (1 Juan 5.19).

Cuando Satanás tentó a Jesús, le mostró todos los reinos del mundo y le dijo:

> «Sobre estos reinos y todo su esplendor [...] te daré la autoridad, porque a mí me ha sido entregada, y puedo dársela a quien yo quiera» (Lucas 4.6).

Si realmente Dios está en control del mundo, ha hecho un pésimo trabajo. Yo no creo que el mundo que estamos viviendo es el sueño de Dios. Él todo lo hizo bien, pero el ser humano tomó decisiones equivocadas y esas decisiones llevaron al mundo a un caos en el cual se encuentra en este momento. En Romanos 8.20, Pablo nos muestra que la situación en la cual se encontraba la creación en ese momento era totalmente contraria a la voluntad de Dios:

> «Contra su propia voluntad, toda la creación quedó sujeta a la maldición de Dios» (NTV).

Encontramos una clara ilustración de la creación fuera de la voluntad de Dios cuando Jesús tuvo que reprender al viento y ordenar al mar que se calmara (vea Marcos 4.37–38).

Dios está en control de los que hemos entregado nuestras vidas a Él y el diablo no nos puede atacar sin su permiso. Además, cuando oramos: «*Venga tu reino, hágase tu voluntad en la tierra como en el cielo*», estamos pidiendo que Dios establezca su trono en la tierra y que vuelva a tomar el control del mundo.

En la cruz, Jesús le arrebató las llaves de autoridad al enemigo y nos las entregó a nosotros, su iglesia. Pero si nosotros no ejercemos la autoridad que Dios nos ha dado, si no oramos, si no intercedemos, si no nos arrepentimos, el mundo entero seguirá bajo el maligno.

DIOS QUIERE QUE TODOS SEAMOS SALVOS

Personalmente, no creo que Dios determinara que unas personas fueran al cielo y otras al infierno porque esa creencia, muy común en el medio cristiano, es contraria al Dios que encuentro en las Escrituras. La Biblia dice que el deseo de Dios es que todos sean salvos:

> «*Pues él quiere que todos sean salvos y lleguen a conocer la verdad*» (1 Timoteo 2.4).

> «*El Señor […] no quiere que nadie perezca sino que todos se arrepientan*» (2 Pedro 3.9).

Sin embargo, aunque el plan de Dios es que todos sean salvos, las personas son libres para elegir si quieren creer o no.

> «*Porque tanto amó Dios al mundo que dio a su Hijo unigénito para que todo el que cree en él no se pierda, sino que tenga vida eterna*» (Juan 3.16).

Tampoco creo que Dios determinara que unos tuvieran una vida bendecida y otros una vida desgraciada, que unos estuviesen sanos y otros enfermos, que unos disfrutaran la vida y otros sufrieran. Este cuadro acerca de Dios me muestra a un Dios injusto y malo. En mi opinión, y basado en lo que dice la Biblia, las desgracias son el resultado de nuestras malas decisiones. En Deuteronomio 11.26–28 el Señor nos dice:

> *«Hoy les doy a elegir entre la bendición y la maldición: bendición, si obedecen los mandamientos que yo, el Señor su Dios, hoy les mando a obedecer; maldición, si desobedecen los mandamientos del Señor su Dios y se apartan del camino que hoy les mando seguir».*

En mi opinión, Romanos 8.28 no dice que Dios permite, o que es su voluntad, que unos nazcan enfermos y otros sanos, que a unos les vaya bien y a otros mal. Tampoco dice que el pecado, el divorcio, el robo, las desgracias o las consecuencias de nuestras malas decisiones sean su voluntad. Para mí, lo que Romanos dice es que si nosotros realmente amamos a Dios, Él puede disponer todo lo que nos suceda para nuestro bien.

> *«Ahora bien, sabemos que Dios dispone todas las cosas para el bien de quienes lo aman, los que han sido llamados de acuerdo con su propósito»* (Romanos 8.28).

Entonces, no podemos decirle a una persona que una tragedia en su vida es la voluntad de Dios, pero lo que sí podemos decirle es que Dios es tan bueno y tan poderoso que puede convertir esa tragedia en una bendición.

ARGUMENTOS EN CONTRA DE DIOS

En una ocasión mi esposa le ministró a uno de los líderes de alabanza de la iglesia que aunque tenía una voz increíble y una unción muy especial, siempre estaba triste y dejaba sobre la iglesia un manto de tristeza. Mi esposa le preguntó: «¿Cómo es tu Dios?». Y él le respondió como todos lo hacen: «Dios es el creador de todo, es santo, es todopoderoso, es mi Salvador». Mi esposa le dijo: «No, ¿cómo es el Dios que ves cuando adoras?». De nuevo le respondió lo mismo. Por eso mi esposa insistió hasta que de repente este muchacho empezó a gritar y dijo: «Mi Dios es pobre, es malo, nunca está conmigo, me abandonó cuando más lo necesitaba, no responde mis oraciones, no me quiere, bendice a otros pero nunca a mí, no soy importante para Él. Dios permitió que mis padres se divorciaran, dejó que me robaran y que me abusaran, fue su voluntad que mi hijo naciera enfermo. De nada me ha servido apartarme del pecado porque a los malos todo les sale bien».

¡Mi esposa logró lo que quería! El enemigo se ha aprovechado de las malas experiencias en la vida para poner en nosotros argumentos en contra de Dios y aunque en nuestra mente estamos adorando al Dios que hemos conocido en la Biblia, en nuestro corazón tenemos un concepto totalmente diferente acerca de Él. Por eso Jesús dijo:

> «*Este pueblo me honra con los labios; pero su corazón está lejos de mí*» (Mateo 15.8).

Este líder de alabanza había proyectado en Dios todo el dolor, la amargura y el resentimiento que tenía en contra de su padre.

La Biblia nos muestra que la mejor manera de sanar nuestro rencor, dolor y amargura es reconocerlo, hablar acerca de lo que sentimos, sacarlo a la luz. Eso hizo Job cuando dijo:

> «*No puedo evitar hablar; debo expresar mi angustia. Mi alma llena de amargura debe quejarse*» (Job 7.11, NTV).

Si no expresamos lo que sentimos en nuestro tiempo de oración a solas con Dios, esos sentimientos saldrán a la luz mediante nuestras palabras, nuestra cara, nuestras actitudes o, incluso, hasta podríamos cometer una locura. En la Biblia encontramos que el salmista está expresando su dolor, su rabia y su odio. Por ejemplo, David, con respecto a alguien que le hizo daño, dice en Salmos 109.8-13: «*Que sean pocos sus años [...] que sus hijos queden huérfanos de padre, y su esposa quede viuda. Que sus hijos vaguen como mendigos [...], que los acreedores se apoderen de toda su propiedad [...] que toda su descendencia muera*». Él no está orando ni deseando esto para su enemigo, sino que está expresando lo que siente hacia él y su deseo de venganza.

Pero no es suficiente con solo hablar. Y es aquí donde la psicología no nos puede ayudar porque ellos logran encontrar la raíz del problema, pero solo en la cruz encontramos la sanidad total. La Biblia dice que Jesús llevó nuestras enfermedades y sufrió nuestros dolores. La amargura, el dolor, el rencor, la soledad, la tristeza y el rechazo solo se pueden sanar cuando Jesús entra a esos cuadros dolorosos de nuestro pasado y trae sanidad.

Los colores de tu amor

Los colores de tu amor
Son más hermosos que el arco iris.
Tu amor es más que un pacto,
Tu amor borró mis cicatrices.

Tómame, Señor, tómame de la mano.
Llévame al compás, al compás que pone tu abrazo.

No sería yo igual
Si tus ojitos no me miraran.
No sería yo igual
Si está canción contigo danzara.

La gloria le pertenece
solo a Dios

Otro pecado de los hijos de Elí fue tomar para ellos la mejor parte de las ofrendas.

> «La costumbre de estos sacerdotes era la siguiente: Cuando
> alguien ofrecía un sacrificio, el asistente del sacerdote se
> presentaba con un tenedor grande en la mano y, mientras
> se cocía la carne, metía el tenedor en la olla, en el caldero,
> en la cacerola o en la cazuela; y el sacerdote tomaba para
> sí mismo todo lo que se enganchaba en el tenedor. De este
> modo trataban a todos los israelitas que iban a Siló. Además,
> antes de quemarse la grasa, solía llegar el ayudante del
> sacerdote para decirle al que estaba por ofrecer el sacrificio:
> "Dame carne para el asado del sacerdote, pues no te la va
> a aceptar cocida, sino cruda". Y si el hombre contestaba:
> "Espera a que se queme la grasa, como es debido; luego podrás
> tomar lo que desee", el asistente replicaba: "No, dámela
> ahora mismo; de lo contrario, te la quito por la fuerza"»
> (1 Samuel 2.13-16).

Los sacerdotes tenían derecho de comer la carne que la gente sacrificaba a Dios, pero solo después de ofrecérsela a Dios (vea Levítico 7.6). Pero la grasa le pertenecía al Señor y debía ofrecerse como una ofrenda de aroma agradable al Señor (vea Levítico 3.16).

Por eso el Señor le dijo a Elí:

«¿Por qué honras a tus hijos más que a mí, y los engordas con lo mejor de todas las ofrendas de mi pueblo Israel?»
(1 Samuel 2.29).

Lo que hacían los sacerdotes era tomar para ellos lo mejor de las ofrendas en lugar de dárselas a Dios. Muy similar a lo que está sucediendo hoy, pero la Biblia dice en Isaías 42.8 que Dios no comparte su gloria con nada ni con nadie. El salmista dijo:

«La gloria, Señor, *no es para nosotros; no es para nosotros sino para tu nombre»* (Salmos 115.1).

Tomar para nosotros lo que le pertenece a Dios

La evidencia de un verdadero mover del Espíritu Santo es que el Señor sea glorificado. Con respecto al Espíritu Santo, Jesús dijo: *«Él me glorificará a mí».* Si después de una reunión, de una palabra profética, de una predicación o de un concierto de música cristiana el que sale glorificado es una persona y no Jesús, entonces eso no fue un fluir genuino del Espíritu de Dios.

Este es el peligro de los que tienen un ministerio visible, especialmente los músicos. Dios les ha dado talento, una gracia especial y un factor ¡tremendo!, pero si no se cuidan, se les puede desviar el corazón. Esto es precisamente lo que le pasó a Satanás. Antes de su caída era el principal músico del cielo, el encargado de dirigir la alabanza; pero debido a su hermosura, a sus dones y a sus habilidades quiso lo que debía dar a Dios.

Como resultado de haber recibido tanta admiración de los otros ángeles se le dañó el corazón y se le olvidó que todo lo que tenía provenía de Dios y que la gloria le pertenecía solo a Él.

> «*Tú eras el sello de la perfección, lleno de sabiduría, y*
>   *acabado de hermosura [...]*
> *Perfecto eras en todos tus caminos*
>   *desde el día que fuiste creado*
>   *hasta que se halló en ti maldad*»
>   (Ezequiel 28.12 y 15, RVR).

Pero Lucero de la mañana quiso ser semejante al Altísimo.

> «*Decías en tu corazón: "Subiré hasta los cielos. ¡Levantaré mi trono por encima de las estrellas de Dios! Gobernaré desde el extremo norte, en el monte de los dioses. Subiré a la cresta de las más altas nubes, seré semejante al Altísimo"*» (Isaías 14.13–14).

Esto es lo mismo que está sucediendo hoy, muchos están tomando para ellos la gloria que le pertenece a Dios.

Cuando yo tenía veinticuatro años me invitaron a dirigir la alabanza en una velada unida de todas las iglesias de Bogotá, pero el baterista principal no pudo ir y me tocó llevar a uno que todavía estaba aprendiendo a tocar. Fue un total fracaso. Recuerdo que cuando nos bajamos del púlpito algunos nos abrazaban y yo creía que nos estaban consolando y animando. Me sentí avergonzado y humillado, pero entonces tuve una visión que nunca olvidaré. En esa visión vi a Jesús feliz porque mientras yo estaba siendo humillado, Él se estaba glorificando.

No son negocios, es algo personal

Quiero contar lo siguiente basado en una predicación de Bob Sorge. El título del mensaje fue: «No son negocios, es algo personal».

En Juan 3.29-30 dice:

> «*El que tiene a la novia es el novio. Pero el amigo del novio, que está a su lado y lo escucha, se llena de alegría cuando oye la voz del novio. Ésa es la alegría que me inunda. A él le toca crecer, y a mí menguar*».

En este pasaje se menciona al novio que es Jesús, la novia que es la iglesia y el amigo del novio que es Juan el Bautista.

Juan, el amigo del novio, está preparando a la novia para su Señor y lo hace con lealtad hacia el novio. Cuando Jesús llega, Juan se hace a un lado porque piensa: «*Él debe tener cada vez más importancia y yo menos*». Pero sus discípulos le dicen: «*se está yendo la gente, todos van a él en lugar de venir a nosotros*». Juan les dice: «*que él tenga éxito me llena de alegría*». En otras palabras, a mí no me interesa ser famoso o hacer plata, porque lo mío no es un negocio sino un asunto personal, se trata de Jesús.

Juan no estaba interesado en promoverse, en darse a conocer ni en beneficiarse, su único interés era dar a conocer a Jesús y preparar el camino para Él.

Para Jesús es sumamente importante ver cómo estamos sirviendo a la novia o a su iglesia, ¿para nuestro beneficio o para Él? Después de ministrar, ¿de quién habla la novia, de nosotros o de Él? Lo que hacemos, ¿lo hacemos de tal manera que la novia después de haber estado con nosotros piensa en Jesús, habla acerca de Él, está más enamorada del Señor y anhela encontrarse con Dios?

La responsabilidad del amigo del novio es hacer que la novia ponga sus ojos en el novio. Pero a veces el amigo del novio trata de conquistar a la novia y por eso algunas mujeres terminan enamoradas del amigo del novio.

Pablo dijo:

> «*No nos predicamos a nosotros mismos sino a Jesucristo como Señor*» (2 Corintios 4.5).

Podemos predicar o cantar acerca de Jesús y al mismo tiempo promocionarnos. Estamos haciendo algo bueno, pero con una intención oculta.

Si por alguna razón la novia empieza a poner su atención en nosotros, Jesús se queda observando para ver qué vamos a hacer.

La lealtad de Jegay para con su rey

Una de las mejores ilustraciones de lealtad hacia el novio la encontramos en el libro de Ester:

> «*Cuando a Ester [...] le llegó el turno de presentarse ante el rey, ella no pidió nada fuera de lo sugerido por Jegay, el eunuco encargado del harén del rey*» (Ester 2.15).

La función de Jegay era aconsejar a Ester cómo vestirse, cómo hablar, qué perfume usar, todo lo necesario para conquistar al rey.

El rey le había confiado a Jegay las mujeres entre las que elegiría a su futura esposa y confiaba en él porque era un eunuco. Un eunuco era una persona que no tenía interés en las mujeres porque lo habían operado o, para entenderlo mejor, lo habían castrado. Le quitaban todo lo que podría poner en riesgo a su prometida. Eso mismo quiere hacer Dios con los que servimos a su esposa, él quiere que seamos operados de toda intención oculta que pueda llevarnos a sacar provecho o a beneficiarnos de su amada.

Pero no es fácil dejarse operar. No es fácil dejarse quitar la satisfacción que produce el que la novia nos aplauda, admire, idolatre y recuerde. Pero es necesario hacerlo para que Dios nos pueda confiar a su amada porque Él es un Dios celoso y no compartirá su novia con nadie. El Señor quiere verdaderos amigos que no busquen nada de la novia sino que todo lo obtengan de Él. Que Dios sea quien supla todas nuestras necesidades, que Él sea quien nos llene, que sean las palabras de su boca y los besos de su Palabra los que suplan nuestra necesidad de ser amados.

No usurpemos el lugar de Dios en la vida de la novia, pues desde el momento que ella empiece a mirarnos y nosotros comencemos a vivir de la atención que ella nos da, ya no seremos los amigos del novio, sino su competencia.

¿Cómo esperamos que Dios nos bendiga si estamos abusando de su novia?

Servimos a un Dios celoso que no comparte su gloria con nadie. Debemos pedirle a Dios que nos purifique de toda intención oculta y que Él sea el que supla nuestra necesidad de atención.

DESPRECIAR LAS OFRENDAS DE LA GENTE

El otro pecado de los hijos de Elí fue despreciar las ofrendas que la gente le traía a Dios.

«Así que el pecado de estos jóvenes era gravísimo a los ojos del SEÑOR, pues trataban con desprecio las ofrendas que le pertenecían» (1 Samuel 2.17).

Cuando el Señor confrontó a Elí, le dijo:

«¿Por qué, pues, tratan ustedes con tanto desprecio los
sacrificios y ofrendas que yo he ordenado que me traigan?»
(1 Samuel 2.29).

Los sacerdotes despreciaban las ofrendas porque no valo-
raban el precio que las personas habían pagado para llevar su
ofrenda. Algunos habían viajado muchos días pero, al llegar,
los trataban como poca cosa y en lugar de ofrecer todo el sacrificio a Dios se quedaban con la mejor parte.

Creo que debido a la actitud de los sacerdotes, algunos
salían pensando: ¿Será que Dios recibió nuestra ofrenda?
Otros pensaron: ¿Para qué volver si nuestra ofrenda no es importante? ¡Ay de aquellos siervos de Dios que por engordarse
con lo que le pertenece a Dios se convierten en una piedra de
tropiezo para mucha gente!

Para muchos asistir a la iglesia es un gran sacrificio y si lo
hacen, esperan que la presencia de Dios se manifieste y que la
predicación sea una palabra fresca de Dios. Pero si la reunión
no empieza a tiempo, si el grupo de alabanza no ha ensayado,
si los instrumentos o el micrófono no funcionan o si el pastor
llega tarde y trata de improvisar una predicación, entonces,
esas personas sienten que han despreciado sus ofrendas.

¿CÓMO VALORAR EL SACRIFICIO DE LAS PERSONAS?

Además de su sacrificio de alabanza, la gente le ofrece a Dios
su vida, tiempo, dones, diezmos y ofrendas. Nuestra función
como pastores es honrar y administrar con sabiduría todos
esos recursos que las personas le ofrecen a Dios.

Con la iglesia que Dios nos ha dado, yo podría manejar
el carro más costoso de Colombia, vivir en la zona más *play*
de Bogotá y viajar en primera clase; pero no lo hago porque
sé lo delicado que es tratar con desprecio las ofrendas de las

personas. Prefiero invertir ese dinero en predicar el evangelio, en un gran equipo de trabajo, en buenos predicadores, en tener un gran ministerio de alabanza, en la iglesia de los niños, en formar a las personas, en tener buenas instalaciones, en recursos gratuitos para todos, en la obra social, en las misiones y en llegar a la siguiente generación para que continúen con lo que nosotros hemos iniciado. La Biblia dice que Dios exige que los administradores de una iglesia sean dignos de confianza (1 Corintios 4.2).

Nosotros también valoramos el esfuerzo que hace la gente para ir a la iglesia, asistir a los Grupos de Conexión, ir a la oración y hacer el proceso de formación. Cuando algunos pastores ven la pasión y lo comprometida que está nuestra gente, dicen que en sus naciones no sería posible porque las personas no tienen tiempo para estar «metidas en la iglesia». En otras palabras, insinúan que nuestra gente no hace nada, pero no es así. Aunque son muchos los factores que han hecho que nuestra gente sea apasionada, uno de esos factores es que valoramos el esfuerzo de las personas. Nos aseguramos que la presencia de Dios siempre se manifieste, que la predicación sea buena, relevante y práctica, que los de alabanza ensayen constantemente y sean sensibles a Dios, que la primera impresión que se lleven las personas que nos visitan por primera vez sea muy buena, que el líder del Grupo de Conexión prepare bien su tema, que los profesores sean los mejores y que la experiencia de los Niños en Su Presencia sea inolvidable. Esto es valorar las ofrendas y el sacrificio de las personas.

Cuando yo era niño quería que mis amigos conocieran a Jesús, pero me daba pena llevarlos a la iglesia porque la alabanza no era buena y la predicación no era relevante ni interesante. Y en eso siempre hemos pensado como iglesia: ¿Qué vamos a hacer para que la iglesia sea un lugar donde los muchachos quieran traer a sus amigos? ¿Qué podemos hacer para que una persona que venga por primera vez nunca olvide esa experiencia? ¿Cómo predicaremos para captar la atención de todos?

Detalles como esos nos obligan a valorar las ofrendas y los sacrificios de las personas.

Sublime Dios

Sublime Dios tu gloriosa majestad
Llena mi ser con tu gran poder.
Y en la intimidad envolverme en ti
Porque no hay otro Dios, Soberano Rey.

Tu nombre santo, santo es.
Ángeles cantan, ¡tú eres Rey!
Exaltado, coronado estás
En gloria por la eternidad.

Santo, santo, santo es Él.
Santo, santo, santo es Él.

A pesar de su rebeldía, seguían ministrando

Otros pecados que hicieron que la presencia de Dios se apartara de Israel fueron la inmoralidad sexual y la rebeldía. Elí confrontó a sus hijos y aunque ellos no le obedecieron, él permitió que siguieran ministrando.

> «Elí, que ya era muy anciano, se enteró de todo lo que sus hijos le estaban haciendo al pueblo de Israel, incluso de que se acostaban con las mujeres que servían a la entrada del santuario. Les dijo: "¿Por qué se comportan así? Todo el pueblo me habla de su mala conducta. No, hijos míos; no es nada bueno lo que se comenta en el pueblo del SEÑOR. Si alguien peca contra otra persona, Dios le servirá de árbitro; pero si peca contra el SEÑOR, ¿quién podrá interceder por él?" No obstante, ellos no le hicieron caso a la advertencia de su padre» (1 Samuel 2.22–25).

INMORALIDAD SEXUAL

En una ocasión, mientras el grupo de alabanza ministraba en la iglesia, mi esposa me dijo que olía a carne podrida. Recordé que en el Antiguo Testamento, cuando se ofrecía un sacrificio, el olor de la grasa quemándose debía ser un aroma agradable al Señor; entonces supe que había pecado en el ministerio de alabanza. Tomé el micrófono y guié a la iglesia en una oración de arrepentimiento. Unas semanas después salió a la luz el pecado de adulterio de uno de los miembros del grupo de alabanza. Dios no permite que en la alabanza se le ofrezca fuego extraño.

> *«Pero Nadab y Abiú murieron bajo el juicio del Señor por haberle ofrecido fuego profano»* (Números 26.61).

Ofrecemos fuego extraño a Dios cuando ministramos o permitimos que ministren personas atadas o con luchas sexuales.

> *«Pero al que comete adulterio le faltan sesos;*
> *el que así actúa se destruye a sí mismo»*
> (Proverbios 6.32).

> *«Pues la ramera va tras un pedazo de pan,*
> *pero la adúltera va tras el hombre que vale»*
> (Proverbios 6.26).

Los pecados sexuales tienen mayores consecuencias porque pecamos en contra de nuestro cuerpo y la Biblia dice que nuestro cuerpo es templo del Espíritu Santo, por eso el Señor nos pide que lo honremos con nuestro cuerpo.

> *«Huyan de la inmoralidad sexual. Todos los demás pecados*
> *que una persona comete quedan fuera de su cuerpo; pero*
> *el que comete inmoralidades sexuales peca contra su propio*
> *cuerpo. ¿Acaso no saben que su cuerpo es templo del*
> *Espíritu Santo? […] Por tanto, honren con su cuerpo a Dios»*
> (1 Corintios 6.18–20).

¿Es posible seguir ministrando después de una embarrada sexual? Eso solo lo determina Dios. La Biblia dice que Él perdona nuestros pecados porque su mayor placer es amar (vea Miqueas 7.18). Pero si miramos las historias de los que la embarraron sexualmente, nos daremos cuenta que son muy pocos los que recuperan el lugar que tenían antes de la caída. Cuando Jesús ministró lo hizo con autoridad porque sus palabras respaldaban la reputación de su nombre.

«Porque has exaltado tu nombre y tu palabra por sobre todas las cosas» (Salmos 138.2b).

Cuando una persona la embarra sexualmente, pierde credibilidad porque violó su pacto matrimonial y manchó su buen nombre. Y nuestra palabra es para nosotros lo que las manos son para el artista, los ojos para el piloto, las piernas para el ciclista, las cuerdas vocales para el cantante. Si lo perdemos, difícilmente cumpliremos nuestra misión. Por eso lo mejor que podemos hacer es huir de la inmoralidad sexual.

REBELDÍA

La Biblia dice que Elí confrontó a sus hijos.

«No obstante, ellos no le hicieron caso a la advertencia de su padre» (1 Samuel 2.25).

La rebeldía es uno de los pecados más comunes en la iglesia cristiana, es una práctica aceptada porque muchos no la ven como pecado. Pero la Biblia dice:

«La rebeldía es tan grave como la adivinación» (1 Samuel 15.23).

A mí me encanta tener cantantes en la iglesia, pero ya no podemos invitarlos a todos porque hemos tenido malas experiencias con sus músicos. Sus actitudes demostraban que no estaban bajo autoridad, no estaban plantados en una iglesia, no tenían quien formara su carácter, no rendían cuentas y eran rebeldes. No podemos permitir que ministren en nuestras iglesias músicos, cantantes o predicadores que no estén plantados en una iglesia porque la rebeldía es tan grave como la adivinación.

Lo que da peso a muchos ministerios es este principio bíblico de autoridad: una persona que no está bajo autoridad no tiene autoridad. En Mateo 8.8–9 el centurión le dijo a Jesús:

> «Pero basta con que digas una sola palabra, y mi siervo quedará sano. Porque yo mismo soy un hombre sujeto a órdenes superiores, y además tengo soldados bajo mi autoridad. Le digo a uno: "Ve", y va, y al otro: "Ven", y viene. Le digo a mi siervo: "Haz esto", y lo hace».

Si queremos tener autoridad sobre el enemigo y sobre todas las obras del diablo debemos someternos a Dios.

> «Así que sométanse a Dios. Resistan al diablo, y él huirá de ustedes» (Santiago 4.7).

Pero no solo nos sometemos a Dios sino a toda autoridad que Él ha establecido.

> «Todos deben someterse a las autoridades públicas, pues no hay autoridad que Dios no haya dispuesto, así que las que existen fueron establecidas por él. Por lo tanto, todo el que se opone a la autoridad se rebela contra lo que Dios ha instituido. Los que así proceden recibirán castigo» (Romanos 13.1–2).

En la iglesia hemos perdido cantantes buenísimos, músicos increíbles y personas con mucha unción, pero sin carácter, simplemente porque no quisieron someterse. Tal vez la rebeldía sea el pecado más común en los músicos, precisamente por este pecado echaron del cielo a Lucero de la mañana. Los miembros del ministerio de alabanza deben comprometerse con la iglesia, leer la Biblia todos los días, asistir por lo menos una vez a la semana a la oración, deben ser adoradores y líderes o servidores en sus Grupos de Conexión porque además de ser formados deben formar a otros; además de ser pastoreados, pastorearán a otros. Solo así podemos asegurarnos que sean ministros y no simplemente músicos. Evitamos que usen el púlpito o la plataforma aquellos que tienen la intención oculta de sentirse protagonistas o cuyo objetivo sea promoverse. En su libro, *For This I was Born*, Brian Houston dice: «Hay una gran diferencia entre los que usan su visión para edificar la casa de Dios y los que usan la casa de Dios para edificar su visión».

Además, entendemos que para lograr nuestros objetivos es necesario rendir cuentas aunque sea en un papel. Con este propósito es que hace muchos años diseñamos un registro que llamamos R07 en el que todos los días escribimos lo que leímos en la Biblia y lo que Dios nos dijo. Es algo muy sencillo que nos ha ayudado a crear el hábito de leer la Biblia diariamente. Es bien interesante, pero se fueron de la iglesia todos los que no estaban de acuerdo con el R07. Dijeron que su relación con Dios era un asunto personal, que no tenían que rendirle cuentas a nadie y que por algo Jesús llamó ese tiempo «el secreto con Dios». Sin embargo, la verdadera razón por la cual no les gustaba rendir cuentas es porque no leían la Biblia. Hemos aprendido que lo que no se supervisa no se hace. Gracias al R07 leer la Biblia llegó a ser una disciplina que luego se convirtió en un deleite.

También ha sido útil para identificar a las personas que tienen problemas de rebeldía.

El problema principal de un rebelde es que no reconoce su pecado. Los hijos de Elí *«no le hicieron caso a la advertencia de su padre».* Para el rebelde, los culpables o «los malos del paseo» son las otras personas: los pastores, los líderes, la iglesia. En lugar de arrepentirse, el rebelde decide cambiar de iglesia, pero si allí no lo confrontan y liberan, sigue con su actitud de rebeldía envenenando con sus comentarios a todos los que lo rodean. Por último, decide no volver a congregarse y termina perteneciendo a los que dicen que aman a Jesús pero odian la iglesia.

PERMISIVIDAD

En 1 Samuel 3.11-13, el Señor le dijo a Samuel:

> *«—Mira —le dijo el SEÑOR—, estoy por hacer en Israel algo que a todo el que lo oiga le quedará retumbando en los oídos. Ese día llevaré a cabo todo lo que he anunciado en contra de Elí y su familia. Ya le dije que por la maldad de sus hijos he condenado a su familia para siempre; él sabía que estaban blasfemando contra Dios y, sin embargo, no los refrenó».*

Hace muchos años tuvimos una pareja a cargo de los jóvenes de la iglesia, era la pareja soñada porque eran lindos no solo como personas sino también físicamente. Sin embargo, en su deseo de atraer a los jóvenes empezaron a hacer cosas que no eran de nuestro agrado, y ellos lo sabían. Supimos de reuniones en donde hubo baile y bebidas alcohólicas. Yo no sabía qué hacer porque no quería bajarles el entusiasmo y por eso no les dije nada. Pero, un día, una pareja de adolescentes confesó que habían tenido relaciones sexuales y entonces reconocimos que eso era consecuencia de no haber establecido límites claros con respecto al mundo. Ese día el Señor me mostró que el pecado de Elí fue su permisividad hacia el pecado, pero también me dijo que si yo no hacía nada para impedir la mundanalidad en los jóvenes de la iglesia, la palabra profética que el Señor le había dado a Elí se cumpliría en mi vida:

> «*Por cuanto has hecho esto, de ninguna manera permitiré que tus parientes me sirvan, aun cuando yo había prometido que toda tu familia, tanto tus antepasados como tus descendientes, me servirían siempre. Yo, el* SEÑOR, *Dios de Israel, lo afirmo. Yo honro a los que me honran, y humillo a los que me desprecian. En efecto, se acerca el día en que acabaré con tu poder y con el de tu familia; ninguno de tus descendientes llegará a viejo. Mirarás con envidia el bien que se le hará a Israel, y ninguno de tus descendientes llegará a viejo. Si permito que alguno de los tuyos continúe sirviendo en mi altar, será para empañarte de lágrimas los ojos y abatirte el alma; todos tus descendientes morirán en la flor de la vida*» (1 Samuel 2.30–33).

Fue una palabra muy fuerte porque el sueño de todo pastor es que sus hijos y las generaciones siguientes continúen lo que ellos han empezado. Tuve que hablar con estos líderes de los jóvenes y tristemente tomaron la decisión de irse de la iglesia. Establecimos límites claros con respecto al mundo y, contrario a lo que muchos creían, en lugar de alejar a los jóvenes estos límites los atrajeron a tal punto que en este momento más de la mitad de la iglesia son menores de treinta años. Los años en los que fuimos permisivos, el grupo de jóvenes de la iglesia no pasaba de cien personas, hoy son más de doce mil.

Si queremos la presencia de Dios en nuestras iglesias, no podemos ser permisivos con el pecado.

Fiel

Eres Señor, Eterno, Incomparable,
Grande en amor
Tu misericordia me alcanzó
Tu amor eterno me sanó
Creo en ti, oh Dios.

Y ahora, en gratitud, me postró ante ti,
Veo tu gracia hasta aquí sobre mí.
Fiel, fiel, tú eres fiel.
Eres real en mí, puedo confiar en ti
Alzo mis manos, voy a creer.

Bajo la lluvia, en el desierto
En tiempos buenos, cuando el sol brilló
Tú has sido, siempre has sido
Eternamente tú serás fiel...

© Su Presencia Producciones

Irreverencia ante la presencia de Dios

Hace unos años invitaron al grupo de alabanza de la iglesia a ministrar en un evento de pastores. El grupo comenzó a dirigir la alabanza, pero le sorprendió notar la actitud de indiferencia y falta de respeto que había ante la presencia de Dios. Los que llegaban tarde saludaban a los que ya estaban allí, otros hablaban con la persona que estaba a su lado y hasta había pastores hablando por su celular. Tal situación llevó a la persona que estaba intentando dirigir la alabanza a pedirle perdón a Dios por la falta de respeto ante Su presencia y a reprender el espíritu religioso. Esto, obviamente, hizo que los pastores se enojaran hasta el punto de venir a hablar conmigo y decirme: «¿Cómo este muchacho se atreve a hablarnos así?».

Hablé con el grupo de alabanza y reconocí que ellos hicieron lo que habían aprendido de mí. Para nosotros la alabanza no es un relleno, sino la transición para entrar al trono de la gracia. No estamos amenizando una reunión, estamos adorando a Dios, somos ministros y nuestra intención no es entretener a la gente. Y desde la perspectiva del grupo las personas no estaban respetando la presencia de Dios. El único problema era que estaban en el «rancho de otro».

Entiendo cómo se sintió el que ministró la alabanza porque a mí me ha pasado lo mismo. Cuando empecé a ministrar me enojaba y le peleaba a la gente, pero después de muchos años y ante situaciones como esa he aprendido a callar y tratar de adorar a pesar de la oposición.

Lo que muchos pastores no entienden es que las mismas cosas que les molestan a ellos cuando predican también le molestan a un líder de alabanza cuando está dirigiendo.

Pero de esta experiencia aprendimos que no podemos esperar que en otros lugares la gente adore a Dios como lo hacemos en nuestra iglesia y que si nos invitan a otro lugar, tenemos que reconocer que esa no es nuestra plataforma y que debemos someternos a la autoridad espiritual de ese lugar.

LA ALABANZA COMO «RELLENO»

Con lo que más tuve que luchar durante mi juventud, y lo que hoy sigue siendo una realidad, es que muchos creen que la alabanza y la adoración son un relleno, algo que se hace mientras entra la gente o mientras llega el predicador. Recuerdo que cuando dirigía la alabanza me decían: «Cante una alabanza mientras recogen la ofrenda o mientras llega el predicador». Esto es como decirle a un predicador: «Predique algo mientras llega la gente».

La alabanza no es un relleno, no es una música de fondo, no es un entretenimiento ni es para amenizar una reunión. Si eso es lo que quieren, deben invitar a un grupo musical que toque unos boleros. Pero el llamado de un grupo de alabanza es llevar a las personas a adorar a Dios, a ser sanados, a ser ministrados o confrontados.

«LA ALABANZA ES PARA LOS MUCHACHOS»

Muchos siguen creyendo que la alabanza y la adoración son para los jóvenes de la iglesia. Recuerdo que cuando yo era joven recibimos una invitación para participar en un evento de alabanza y adoración y el pastor me dijo: «Mire a ver si los jóvenes quisieran ir a eso». Enviaban a los jóvenes a los programas de alabanza, pero los que realmente necesitaban aprender a adorar eran los pastores, y ellos no iban.

Algunos consideran que lo «importante» es la predicación y que la alabanza es para los muchachos. Esta idea ha llevado a muchos jóvenes a faltar el respeto a los pastores y a rebelarse en contra de la iglesia.

Las personas que ministran la alabanza en nuestras iglesias no son unos simples muchachos, son levitas, personas que Dios eligió, ungió y apartó para portar el arca del pacto y traer su presencia a nuestras iglesias. Y si los pastores o los predicadores no estamos dispuestos a respetar a Dios y a aprender a adorar, Dios usará a estos jóvenes para confrontarlos, al igual que usó a Samuel para darle al sacerdote una palabra de parte de Dios:

«Estoy por hacer en Israel algo que a todo el que lo oiga le quedará retumbando en los oídos. Ese día llevaré a cabo todo lo que le he anunciado en contra de Elí y su familia. Ya le dije que por la maldad de sus hijos he condenado a su familia para siempre; él sabía que estaban blasfemando contra Dios y, sin embargo, no los refrenó. Por lo tanto, hago este juramento en contra de su familia: ¡Ningún sacrificio ni ofrenda podrá expiar jamás el pecado de la familia de Elí!»
(1 Samuel 3.11-14).

PROTOCOLO PARA RECIBIR AL REY

Cuando me dijeron que nuestro líder de alabanza les había faltado el respeto a los ancianos y a los pastores de la nación, me hice la siguiente pregunta: «¿Les faltó el respeto o les exigió respeto para Dios?». Si ese muchacho, como lo llamaron ellos, le hubiera faltado el respeto a los asistentes, entonces lo debían confrontar, pero si fue que el celo de Dios vino sobre él exigiendo respeto ante la presencia de Dios, entonces hay que confrontarlos a ellos.

Hace un tiempo me invitaron a un desayuno de pastores en el que iba a estar el presidente de la nación. Recuerdo que nos exigieron llegar una hora antes porque no se permitiría entrar después que llegara el presidente.

Cuando llegué, me sorprendió ver que todos los pastores habían llegado a tiempo porque en Colombia los pastores tenemos fama de llegar tarde. De la oficina del presidente enviaron a una mujer para instruirnos acerca del protocolo que debíamos cumplir a la llegada del presidente. Me llamó la atención notar que mientras ella hablaba ninguna persona se movía y ningún celular sonaba.

Cuando llegó el presidente, vi en los asistentes un respeto y una admiración que nunca antes había visto. Nadie salió mientras él estuvo allí, nadie se movió de su lugar y no sonó ningún celular. Entonces, me pregunté: «¿Por qué estos pastores no muestran el mismo respeto y la misma admiración ante la presencia de Dios?». Ese mismo comportamiento que se demostró ante el presidente es el que debemos tener cuando adoramos a Dios, al Rey de reyes y Señor de señores.

Las reglas del protocolo dicen que la persona importante es la última en llegar, cualquiera que llegue después es un maleducado. Por eso, cuando Jesús entra, nadie debe salir, los celulares no deben sonar y toda nuestra atención debe estar totalmente concentrada en Dios.

IRREVERENCIA ANTE LA PRESENCIA DE DIOS

Los filisteos le robaron el arca del pacto a Israel y en el Antiguo Testamento el arca del pacto era el trono de Dios en la tierra, pero como los filisteos eran paganos, no conocían el protocolo que debían seguir ante el arca y por eso la pusieron en el templo de su dios Dagón. Debido a eso...

«*El* SEÑOR *descargó su mano sobre la población de Asdod y sus alrededores, y los azotó con tumores. La gente de Asdod reconoció lo que estaba pasando, y declaró: "El arca del Dios de Israel no puede quedarse en medio nuestro, porque ese dios ha descargado su mano sobre nosotros y contra nuestro dios Dagón"*» (1 Samuel 5.6-7).

Así que se la llevaron a la ciudad de Gat.

«*Pero después de que la trasladaran, el* SEÑOR *castigó a esa ciudad, afligiendo con una erupción de tumores a sus habitantes, desde el más pequeño hasta el mayor. Eso provocó un pánico horrible. Entonces enviaron el arca de Dios a Ecrón pero tan pronto como entró el arca en la ciudad, sus habitantes se pusieron a gritar: "¡Nos han traído el arca del Dios de Israel para matarnos a todos!" Por eso convocaron a todos los jefes filisteos y protestaron: "¡Llévense el arca del Dios de Israel! ¡Devuélvanla a su lugar de origen, para que no nos mate a nosotros y a todos los nuestros!" Y es que el terror de la muerte se había apoderado de la ciudad, porque Dios había descargado su mano sobre ese lugar. Los que no murieron fueron azotados por tumores de modo que*

los gritos de la ciudad llegaban hasta el cielo» (1 Samuel
5.9–12).

Algunos dirán: «Obvio, eran paganos». Pues veamos qué
sucedió cuando los judíos fueron irrespetuosos ante la presencia del Señor.

En 1 Samuel 6 dice que los filisteos devolvieron el arca a
Israel y la pusieron sobre una carreta que las vacas halarían:
*«¡Y las vacas se fueron mugiendo por el camino, directamente a Bet
Semes! Siguieron esa ruta sin desviarse para ningún lado. [...] Los
habitantes de Bet Semes, que estaban en el valle cosechando el trigo,
alzaron la vista y, al ver el arca, se llenaron de alegría»* (1 Samuel
6.12–13). Cuando el arca llegó a Israel, la gente ofreció las
vacas en holocausto al Señor, pero...

> *«Algunos hombres de ese lugar se atrevieron a mirar dentro
> del arca del Señor, y Dios los mató. Fueron setenta los que
> perecieron. El pueblo hizo duelo por el terrible castigo que el
> Señor había enviado, y los habitantes de Bet Semes dijeron:
> «El Señor es un Dios santo. ¿Quién podrá presentarse ante
> él? ¿Y adónde podremos enviar el arca para que no se quede
> entre nosotros?»* (1 Samuel 6.19–20).

Lo que hicieron los hombres de Bet Semes, «mirar dentro
del arca» es lo mismo que hacen muchos cuando no respetan
la presencia de Dios.

FAMILIARIDAD ANTE LA PRESENCIA DE DIOS

Años después sucedió algo mucho más drástico que puede
servir de ejemplo a quienes le han perdido el respeto a la
presencia de Dios. David decidió trasladar el arca de Dios de
la casa de Abinadab, donde había estado guardada durante
muchos años, hasta Jerusalén, y en 2 Samuel 6.6–7 dice:

«*Al llegar a la parcela de Nacón, los bueyes tropezaron; pero Uza, extendiendo las manos, sostuvo el arca de Dios. Con todo, la ira del* Señor *se encendió contra Uza por su atrevimiento y lo hirió de muerte ahí mismo, de modo que Uza cayó fulminado junto al arca*».

¿Por qué murió Uza?

Durante muchos años se guardó el arca del pacto en la casa de Abinadab, esto hizo que sus hijos vieran el arca como un mueble más y que le perdieran el respeto. Es posible que Uza despreciara y criticara a David y a toda la gente al verlos celebrando y alabando ante el arca.

Esto mismo puede suceder con los pastores, con los hijos de los cristianos o con los que llevamos muchos años con Dios. La presencia de Dios se convierte en algo más en nuestra vida y perdemos el respeto, la admiración, la expectativa y la pasión ante su presencia. Con Dios nos puede pasar lo mismo que nos pasa en casa, como vemos a nuestra familia todo el tiempo se nos olvida saludarlos o decirles gracias.

A los hermanos de Jesús les costó creer en Él, ellos conocieron su humanidad y esto les impidió ver su divinidad. La Biblia dice que Jesús nunca pecó, pero vivió como cualquier ser humano. Eso significa que sintió dolor, se sintió rechazado, tuvo hambre, a veces se enojó o quiso estar solo y, de repente, sale con el cuento de que Él era Dios. Por eso, «*ni siquiera sus hermanos creían en él*» (Juan 7.5). Sin embargo, luego de su muerte y resurrección sus hermanos reconocieron que Jesús era Dios y creyeron a tal punto que tanto Santiago como Judas se presentan en sus cartas como los siervos del Señor Jesucristo.

Al gran «Yo soy»

Al gran «Yo soy»
Al Creador
Alto y sublime Dios

Sobretodo eres Rey,
Eres el gran «Yo soy»,
Maravilloso eres Dios
Nombre sin igual.

Rey de gloria y majestad,
Ven y llena este lugar.
Coronado tú serás,
Adorado sin cesar.

Puedo ver tu eterna gloria oh, Dios,
Maravilloso Rey.
Exuberante, poderoso Dios,
Maravilloso Rey.

© Su Presencia Producciones

10

Un hombre conforme al corazón de Dios

La clase de persona que Dios está buscando

Dios está buscando ADORADORES.

> «*Pero se acerca el tiempo —de hecho, ya ha llegado—
> cuando los verdaderos adoradores adorarán al Padre en
> espíritu y en verdad. El Padre busca personas que le adoren
> de esa manera*» (Juan 4.23, NTV).

Un adorador no es una persona que sabe adorar, sino una persona que adora a Dios en todo tiempo y con todo su ser. Al referirse a los que han aprendido el arte de adorar, Jesús dijo:

> «*Este pueblo me honra con los labios; pero su corazón está
> lejos de mí*» (Mateo 15.8).

**Dios está buscando HOMBRES DE VERDAD,
personas que cumplan su palabra.**

«*Muchos se dicen ser amigos fieles, ¿pero quién podrá
encontrar uno realmente digno de confianza?*» (Proverbios
20.6, NTV). La versión Reina-Valera dice: «*Hombre de verdad,
¿quién lo hallará?*».

Dios está buscando personas LEALES.

«*El Señor recorre con su mirada toda la tierra y está listo
para ayudar a quienes le son fieles*» (2 Crónicas 16.9).

Y Dios está buscando GENTE DE ORACIÓN.

En Ezequiel 22.30, Reina-Valera, el Señor dice:

«*Y busqué entre ellos hombre que hiciese vallado y que se
pusiese en la brecha delante de mí, a favor de la tierra, para
que yo no la destruyese; y no lo hallé*».

Dios no nos enferma, Él no quiere el mal para nosotros.
No obstante, estableció leyes espirituales que si se violan
traen consecuencias. En su misericordia, Dios impide que el
juicio caiga sobre nosotros cuando violamos sus leyes, pero
en Ezequiel 22 dice que el pecado de Israel y de sus sacerdotes
fue tan grave que Dios ya no podía seguir deteniendo la des-
trucción inevitable por causa de su pecado. Por eso necesitaba
que alguien se pusiera en la brecha e intercediera a favor de la
tierra, pero tristemente no encontró a nadie.

Que Dios esté buscando personas con estas características
significa que no abundan. Entonces, el Señor menciona a un
hombre que reúne estas cualidades y dice:

«He encontrado en David, hijo de Isaí, un hombre
conforme a mi corazón; él realizará todo lo que yo quiero»
(Hechos 13.22).

¿Qué hizo David para conquistar el corazón de Dios? ¿Qué
tuvo de especial David para que el modelo de adoración que
Dios quiere que sigamos sea el del tabernáculo de David? En
Hechos 15.16 (RVR) el Señor dijo:

«Reedificaré el tabernáculo de David, que está caído».

LA PRIORIDAD DE DAVID ERA LA PRESENCIA DE DIOS

Lo primero que hizo David cuando lo coronaron rey fue traer
el arca del pacto, el lugar en donde Dios habitaba.

¿Es esa nuestra prioridad? Cuando iniciamos un negocio
o cuando nos casamos, ¿fue la presencia de Dios nuestra
prioridad?

LA PASIÓN DE DAVID ERA LA CASA DE DIOS

David dijo:

*«Lo único que le pido al SEÑOR —lo que más anhelo— es
vivir en la casa del SEÑOR todos los días de mi vida,
deleitándome en la perfección del SEÑOR y meditando dentro
de su templo»* (Salmos 27.4, NTV).

Es pasión por "la casa" no por "una parte de la casa". A
algunos solo les apasiona una parte de la casa, otros dicen: «a
mí lo que me gusta son los niños» y hay quienes dicen: «a mí
lo que me gusta es la alabanza». Les apasiona solo lo suyo, lo
que los beneficia, lo que los hace famosos o visibles, pero si

por alguna razón los bajamos de ese lugar, se van de la iglesia, ¿por qué? Porque tenían una intención oculta.

Dios se sintió atraído a David porque su pasión era la misma que Él tenía: La iglesia. Nosotros nos sentimos atraídos a las personas que tienen las mismas pasiones que nosotros, lo mismo sucede con Dios.

Si queremos conquistar el corazón de Dios como lo hizo David, nuestra vida debe girar alrededor de la iglesia. Dios bendice a muchas personas con trabajos en otras naciones y cuando están a punto de viajar me preguntan si conozco una iglesia en esa ciudad. Y yo les digo: «¿Ahora es que piensas en eso? En eso tenías que pensar en primer lugar, incluso antes de aceptar el nuevo trabajo». Por desdicha, muchos se alejaron de Dios porque en el nuevo lugar no consiguieron una iglesia que los mantuviera comprometidos con Dios. A veces Dios usa las promociones en los trabajos para probar si realmente estamos apasionados por su casa.

DAVID TENÍA UN CORAZÓN DE SERVICIO

La primera vez que la Biblia menciona a David lo encontramos cuidando las ovejas, estaba sirviendo. Sin embargo, lo importante no es solo servir, sino nuestra actitud y lo que hacemos mientras servimos. Es más importante el tiempo de preparación que el tiempo de popularidad. Durante treinta años Jesús se preparó para tres años de popularidad, pero las palabras de su Padre cuando se bautizó demuestran que lo que Él hizo en secreto lo conquistó y por eso le dijo: «*Tú eres mi hijo amado en quien tengo complacencia*». Pero muchos piensan que leerán la Biblia cuando empiecen a predicar, o que tomarán clases de música cuando empiecen a cantar. Sin embargo, no es así, tenemos que aprovechar los años de anonimato para poner el fundamento de lo que vamos a construir. ¿Cómo aprovechó David su tiempo mientras cuidaba las ovejas?

CONOCIÓ EL CORAZÓN DE DIOS

Gracias a eso tenemos una cantidad de Salmos que hasta el día de hoy cantamos. David se inspiró y escribió Salmos 23 mientras cuidaba a las ovejas.

DESARROLLÓ SU TALENTO MUSICAL

En 1 Samuel 16.18 (NTV) un siervo de Saúl dice acerca de David: *«Tiene mucho talento para tocar el arpa»*. Yo creo que todos debiéramos tocar un instrumento musical. Les insisto a mis hijos para que practiquen el piano porque no sabemos qué planes tiene Dios para su futuro y quiero que estén preparados para lo que sea.

SE CONVIRTIÓ EN UNA PERSONA ATRACTIVA

La Biblia dice acerca de David:

> *«Era buen mozo, trigueño y de buena presencia»*
> (1 Samuel 16.12).

> *«Es valiente, hábil guerrero, sabe expresarse y es de buena presencia»* (1 Samuel 16.18).

David fue un hombre que venció sus temores, sus complejos, su timidez y llegó a tener muy buena presencia, en otras palabras, causaba una buena impresión. Además, era hábil en la guerra, los negocios, la administración y sabía cómo expresarse. Yo creo que todos debemos desarrollar el don de la comunicación, Pablo dijo que nuestra conversación debía ser siempre amena y de buen gusto.

Ninguno de nosotros es feo, lo que pasa es que muchos disimulan muy bien su belleza, pero la Biblia dice que el corazón alegre hermosea el rostro. Estoy seguro que en el corazón de David había mucho dolor porque fue el hijo olvidado. Además, sus hermanos le peleaban continuamente, pero mientras cuidaba a las ovejas él perdonó a su padre y a su familia, y permitió que el Señor sanara las heridas de su corazón.

Por otro lado, las palabras embellecen. Hay niñas a quienes sus padres les repitieron tanto que eran lindas que se lo creyeron y como resultado son hermosas. Pero, ¿qué palabras iban a embellecer a David si lo único que oía era el «ba, ba» de las ovejas? Sin embargo, él conocía el poder que tenían las palabras y las declaraba sobre su vida. Yo creo que la primera vez que se vio reflejado en el riachuelo se asustó y dijo: «¡Qué cosa tan horrible!». Pero después empezó a bendecirse y a decirse: «Tan divino […] tú eres una bendición». Si no me creen, miren lo que David le dice a Dios en Salmos 139.14:

> «¡Te alabo porque soy una creación admirable! ¡Tus obras son maravillosas, y esto lo sé muy bien!».

SERVIR ES LO MISMO QUE ADORAR

Cuando David fue al palacio a tocar el arpa para Saúl, el rey dijo: «Que se quede a mi servicio». Al respecto, Danilo Montero dice: «¿Cómo es posible que el hombre más ungido de Israel termine de sirviente del rey?».

¿Saben por qué? Porque para Dios adorar y servir son la misma cosa.

«Al SEÑOR tu Dios adorarás y a él sólo servirás» (Lucas 4.8).

Pero su servicio no se limitó al palacio, la Biblia dice que cuando David regresaba a casa seguía sirviendo.

Cuando leemos las biografías de los grandes hombres de Dios nos damos cuenta que a todos les tocó lavar baños, aunque yo me libré de eso porque desde los dieciocho años siempre estuve en la plataforma de la iglesia. Sin embargo, Dios tenía otros planes. Estudié en Cristo para las Naciones gracias a una beca, pero tuve que pagarla trabajando cuatro horas al día. Desde antes de viajar tenía grandes esperanzas con ese trabajo porque existía la posibilidad de trabajar en audio y video, así que me pasé seis meses orando para que se me diera el trabajo en ese departamento. Recuerdo que al llegar me encontré con un amigo colombiano y le pregunté: «¿Qué trabajo te tocó?». Él me dijo: «mantenimiento» y yo pensé: «Pobre hombre, no tiene fe».

Pero cuando me entregaron el papel, en donde me informaban del trabajo que me habían asignado, decía: «mantenimiento». ¡Yo no lo podía creer! ¡Ya yo predicaba! ¡Yo era el ungido del Señor! Y estos «gringos» me estaban mandando a limpiar uno de sus auditorios y a lavar sus baños. Aunque tengo pinta de gringo, soy hispano de corazón y para nosotros esta clase de trabajo es humillante, pero eso era lo que Dios quería hacer conmigo.

Esta fue una prueba de fuego para mí porque mi mejor sermón era acerca del poder de la alabanza en la que yo decía lo importante que es dar gracias en toda situación y creer que Dios dispone todo para nuestra bendición. Así que, mientras lavaba los baños lo único que salía de mi boca era una murmuración. Como resultado de mi rabia empecé a criticarlo todo: el instituto, las clases, los profesores, los predicadores, los gringos y hasta la bandera de Estados Unidos. Hasta que un día, mientras almorzaba y me quejaba con un amigo colombiano, un mexicano que estaba sentado con nosotros se levantó y dijo: «ustedes los colombianos no hacen más que murmurar».

No solo me confrontó sino que habló en contra de mi nación. Pero Dios usó esa situación para revelar mi pecado y recuerdo que salí corriendo de ese lugar, me arrodillé en mi cuarto y me arrepentí. Pero nada cambió, yo seguí lavando los baños y pasando la aspiradora al auditorio, sin embargo, algo sucedió en mi corazón. En lugar de quejarme comencé a dar gracias a Dios, esto hizo que yo empezara a ver mi trabajo de una manera totalmente diferente. Reconocí todo lo bueno que había a mi alrededor, el gimnasio, la cancha de baloncesto con piso de madera, la calidad de los predicadores, la excelencia musical, la bendición de mi trabajo. Pero lo más impresionante fue que me di cuenta que en el auditorio que limpiaba había un piano de cola, el sueño de todo músico. A partir de ese día aproveché los quince minutos de descanso que tenía todos los días para tocar ese piano. Las circunstancias no cambiaron, el desierto era el mismo, yo seguía pasando la aspiradora y lavando baños, pero mi actitud y mi alabanza en medio del desierto cambiaron mi perspectiva con respecto a todo, ya no veía lo malo sino lo bueno y hasta llegué a ver lo malo de una manera diferente. Mi alabanza convirtió mi dolor en una canción. Unos meses después me dieron el trabajo con el cual siempre había soñado.

DAVID FUE UN ESCUDERO
Primer de Samuel 16.21 dice:

> «Cuando David llegó, quedó al servicio de Saúl, quien lo llegó a apreciar mucho y lo hizo su escudero».

Tan pronto como Saúl lo vio, supo que era un hombre digno de confianza. Encontrar escuderos es lo más difícil.

¿Qué es un escudero?

Es una persona que APOYA. En 1 Samuel 14, Jonatán estaba a punto de cometer una locura, atravesar un campo abierto en donde quedaría al descubierto delante de sus enemigos; pero su escudero le dijo:

«Haga usted todo lo que tenga pensado hacer, que cuenta con todo mi apoyo» (1 Samuel 14.7).

Esta era una misión suicida, lo que Jonatán quería hacer era ridículo, pero su escudero le dijo: «Cuente conmigo». A veces se nos ocurren algunas locuras como estas, pero lo que Dios quiere hacer es mostrarnos quiénes son nuestros escuderos y con quiénes podemos contar. En ocasiones, cuando digo lo que planeo hacer y una persona se opone o dice que es muy difícil, me pongo más terco. Pero si me dice: «Cuente conmigo», en ese momento reconozco lo bruto que soy y le digo: «¿Pero usted está loco?». Es como si en algunos momentos Dios cegara mi comprensión simplemente para saber quiénes son mis escuderos.

Alguien que LEVANTA LOS BRAZOS. Y la mejor ilustración de esto es Aarón y Ur, levantándole los brazos a Moisés. No necesitamos personas que siempre nos esté bajando los brazos, para eso tenemos al diablo. Lo que necesitamos son personas que nos levanten, que nos animen y que oren por nosotros.

Una persona que CUBRE LA ESPALDA. Cuando salimos a la guerra hay cosas que no vemos, pero detrás de nosotros está nuestro escudero, cuidándonos. A veces cometo errores predicando, pero un escudero conoce mi corazón y me dice: «Eso no fue lo que él quiso decir». Si voy conduciendo y con el carro cierro a una persona, un escudero diría algo como: «Es que siempre vive en la presencia de Dios». Un escudero conoce las verdaderas intenciones de nuestro corazón; sin embargo, aunque cubre nuestro corazón, no trata de tapar el pecado porque lo siguiente que hace un escudero es confrontar.

Un escudero es una persona que CONFRONTA. Todo David necesita un Natán que lo confronte. ¿Le ha dado usted permiso a alguien para que le hable a su vida? *«Fieles son las heridas del que ama»* (Proverbios 27.6). Solo tiene derecho a confrontarnos una persona que realmente nos ame.

Esta es una persona FIEL Y LEAL DURANTE TODA LA VIDA. David nunca traicionó a Saúl. Él siguió siéndole fiel hasta después de su muerte. En una ocasión Saúl estaba persiguiendo a David para matarlo y entró en la misma cueva donde estaban escondidos David y sus hombres. La Biblia dice que entró a hacer sus necesidades y los hombres le dijeron a David: *«Mátelo antes de que esta cueva empiece a oler»*, pero David dijo: *«no tocaré al ungido del Señor»*.

Lo único que hizo David fue cortar el borde de su manto real, y aun así se sintió culpable porque un manto color púrpura era una prenda muy costosa y lo usaban los reyes para mostrar su autoridad. Si Saúl hubiera regresado a casa con su manto roto, la gente habría pensado que Dios lo había despojado de su autoridad. Al salir de la cueva David lo llamó y le contó lo que había hecho. En ese momento Saúl reconoció que David sería el próximo rey.

Un escudero es una persona que CONOCE EL CORAZÓN de su líder, de su pastor, de su jefe. Yo necesito personas que me conozcan, que sepan cuando estoy sufriendo en medio de una predicación y me ayuden, orando por mí. Músicos que sepan exactamente la canción que yo necesito para ministrar. En la iglesia todos saben que sufro de déficit de atención. Por eso, mientras predico, nadie se levanta de la silla porque saben que si lo hacen, empiezo a patinar y la predicación se podría alargar.

LAS MANOS DE DAVID TRAÍAN SANIDAD

La Biblia dice que pondremos las manos sobre los enfermos y sanarán, pero para que esto suceda nuestras manos tienen que ser santas. ¿Son sus manos, manos que sanan o manos que matan? ¿Es su abrazo de sanidad o de muerte? Cuando algunos oran por los enfermos, los matan porque en sus manos hay pecado. Respecto a las manos de David, la Biblia dice:

> *«Cada vez que el espíritu de parte de Dios atormentaba a Saúl, David tomaba su arpa y tocaba. La música calmaba a Saúl y lo hacía sentirse mejor, y el espíritu maligno se apartaba de él»* (1 Samuel 16.23).

Esta es la unción que Dios quiere darles a los músicos. Si sus manos son santas, cada vez que toquen sus instrumentos musicales las personas enfermas se sanarán, pero si en sus manos no hay santidad; si en sus manos hay pecado sexual, en lugar de traer sanidad pondrán un manto de enfermedad.

DAVID, «EL SIERVO REY»

Aunque David llegó a ser rey, nunca dejó su corazón de siervo, por eso él es el mejor cuadro de Jesús, el siervo rey.

> *«La actitud de ustedes debe ser como la de Cristo Jesús, quien, siendo por naturaleza Dios, no consideró el ser igual a Dios como algo a qué aferrarse. Por el contrario, se rebajó voluntariamente, tomando la naturaleza de siervo y haciéndose semejante a los seres humanos»* (Filipenses 2.5-7).

Jesús no solo se rebajó a nuestra humanidad, sino que siendo Dios y rey, siempre mantuvo una actitud de siervo. En

Juan 13 vemos que Jesús tomó una vasija y le lavó los pies a sus discípulos.

David es uno de los mejores ejemplos de lo que significa ser un siervo-rey. En el palacio tenía gente que trabajaba para servirle, pero en la iglesia era el asistente del sacerdote. Uno de los títulos más grandes que podemos tener es ese, el siervo-rey. Muchos de los voluntarios en nuestra iglesia tienen ese título porque aunque en la iglesia los vemos con una actitud de siervos, detrás de esas vestiduras de servicio hay personas muy prósperas, dueños de empresas, gerentes de empresas multinacionales. Que estén sirviendo en la casa de Dios no los hace inferiores, simplemente aprendieron a ser siervos-reyes.

"Jesus Freak"

No hay nada mejor
Que vivir enamorado de ti
No hay nada mejor
Que tu amor que nunca tiene fin
Y saber que mi vida has cambiado
Y mi pasado has perdonado.

Vivo, vivo para ti
Cada día me haces muy feliz
Loco, loco para ti
Que el mundo sepa
Que soy un Jesus Freak
Jesús, tú eres lo mejor
Y tu amor me rescató.

Eres mi pasión,
Eres el dueño de mi corazón,
Eres mi canción,
La melodía en mi interior.
Como el sol le das brillo a mis días
Y llenas de color toda mi vida.

Restauración de la presencia de Dios

Lo primero que hizo David al ser coronado rey de Israel fue llevar el arca del pacto a Jerusalén, su prioridad fue restaurar la presencia de Dios en Israel y por eso recibió el título de un hombre conforme al corazón de Dios. En el primer concilio de la iglesia cristiana, según nos narra el libro de Hechos, el tabernáculo de David quedó establecido como el modelo de adoración que la iglesia cristiana debía seguir:

> *«Después de esto volveré y reedificaré el tabernáculo de David que está caído; y repararé sus ruinas, y lo volveré a levantar»* (Hechos 15.16, RVR).

Dios permitió que durante el tiempo de David se experimentara Su presencia tal y como iba a ser a partir del Nuevo Testamento. El arca estaba en una tienda sin una cortina que lo tapara, entonces se adoraba frente al arca (1 Crónicas 16.4).

En lugar del sacrificio de animales como en el tabernáculo de Moisés, se ofrecía sacrificio de alabanza, de regocijo, de acción de gracias, de quebrantamiento y de arrepentimiento.

David recibió una revelación de la clase de adoración que Dios quería. El salmista dijo:

«Tú no te deleitas en los sacrificios ni te complacen los holocaustos [...] El sacrificio que te agrada es un espíritu quebrantado» (Salmos 51.16–17).

Y en Salmos 50.13–14 el Señor dice:

«¿Acaso me alimento con carne de toros, o con sangre de machos cabríos? ¡Ofrece a Dios tu gratitud!».

Pero como Jesús aún no había venido, fue necesario tener los dos tabernáculos:

El TABERNÁCULO DE DAVID estaba en Sión.

«David dejó el arca del pacto del SEÑOR al cuidado de Asaf y sus hermanos, para que sirvieran continuamente delante de ella, de acuerdo con el ritual diario» (1 Crónicas 16.37).

El TABERNÁCULO DE MOISÉS estaba en Gabaón:

«Al sacerdote Sadoc y a sus hermanos los encargó del santuario del SEÑOR, que está en la cumbre de Gabaón, para que sobre el altar ofrecieran constantemente los holocaustos al SEÑOR» (1 Crónicas 16.39–40).

En 2 Crónicas 1.3–4 se vuelven a mencionar los dos tabernáculos cuando Salomón se dirigió...

«Al santuario de Gabaón porque allí se encontraba la Tienda de la reunión con Dios que Moisés, siervo del SEÑOR, había

hecho en el desierto. El arca de Dios se encontraba en Jerusalén en la tienda que David le había preparado».

Si queremos restaurar la presencia de Dios, necesitamos seguir los principios que David estableció cuando llevó el arca de Dios a Jerusalén (vea 1 Crónicas 15).

DAVID PREPARÓ UN LUGAR PARA EL ARCA

«David [...] dispuso un lugar para el arca de Dios»
(1 Crónicas 15.1).

¿Hemos dispuesto en nuestras vidas un lugar para la presencia de Dios? Tenemos en nuestras casas un lugar para el televisor, para comer, para dormir, pero... ¿hemos preparado un lugar para Dios?

Lo primero que debemos hacer al prepararnos para tener un encuentro con Dios es recordar que tenemos derecho de entrar a su presencia. Esto lo hacemos proclamando nuestra posición en Cristo: «Soy hijo de Dios, soy perdonado, soy santo, soy justo, puedo entrar con toda confianza al trono de la gracia, estoy sentado con Cristo en los lugares celestiales».

Luego confesamos cualquier pecado que pueda afectar nuestra relación con Dios.

«¿Quién puede subir al monte del SEÑOR? ¿Quién puede estar en su lugar santo? Sólo el de manos limpias y corazón puro»
(Salmos 24.3–4).

Aunque ya fuimos perdonados, debemos tratar los asuntos no resueltos con Dios, pero lo mejor es que si hablamos con Él, recibimos su perdón: *«Si confesamos nuestros pecados, Dios,*

que es fiel y justo, nos los perdonará y nos limpiará de toda maldad»
(1 Juan 1.9).

Otra manera de prepararnos para ese encuentro con Dios
es perdonar a los que nos han hecho daño y pedir perdón a
los que hemos ofendido:

> «Y cuando estén orando, si tienen algo contra alguien,
> perdónenlo, para que también su Padre que está en el cielo
> les perdone a ustedes sus pecados» (Marcos 11.25).

> «Por lo tanto, si estás presentando tu ofrenda en el altar y
> allí recuerdas que tu hermano tiene algo contra ti, deja
> tu ofrenda allí delante del altar. Ve primero y reconcíliate
> con tu hermano; luego vuelve y presenta tu ofrenda»
> (Mateo 5.23–24).

Aunque la alabanza y la adoración deben ser nuestro estilo
de vida, el momento en el cual nos unimos como iglesia a
adorar es muy especial, por eso debemos llegar con nuestros
corazones preparados y esto lo logramos alabando a Dios.
El salmista decía:

> «Yo me alegré con los que me decían: A la casa de Jehová
> iremos» (Salmos 122.1, RVR).

> «Alaba, alma mía, al SEÑOR, y no olvides ninguno de sus
> beneficios» (Salmos 103.2).

> «Bendeciré al SEÑOR en todo tiempo; mis labios siempre lo
> alabarán» (Salmos 34.1).

Lo siguiente que debemos hacer para preparar nuestro encuentro con Dios es renunciar a cualquier pensamiento que
nos pueda distraer durante la adoración:

«*Llevamos cautivo todo pensamiento para que se someta a Cristo*» (2 Corintios 10.5).

Y, por último, entregamos las cargas que nos impidan adorar.

«*No se inquieten por nada; más bien, en toda ocasión, con oración y ruego, presenten sus peticiones a Dios y denle gracias*» (Filipenses 4.6).

DAVID LEVANTÓ UNA TIENDA PARA EL ARCA

«*David, dispuso un lugar para el arca de Dios y le levantó una tienda de campaña*» (1 Crónicas 15.1).

Esto tiene que ver con la sumisión a una iglesia. David hubiera podido tomar la actitud que muchos *ungidos* han tomado al creer que no necesitan la iglesia. Él hubiera podido pensar: «Yo soy el rey, yo soy el hombre más ungido en Israel, Dios está conmigo y yo no necesito rendirle cuentas a nadie, yo no necesito congregarme». Pero David era un hombre conforme al corazón de Dios y por eso levantó una tienda para el arca. David dijo: «*Lo único que le pido al Señor —lo que más anhelo— es vivir en la casa del Señor todos los días de mi vida, deleitándome en la perfección del Señor y meditando dentro de su templo*» (Salmos 27.4, NTV).

Dios estableció la iglesia como el lugar en donde Él se manifiesta, en donde oímos su voz, en donde nos confronta, nos disciplina, nos ama, nos consuela, nos desafía. La iglesia es el trono visible de Dios en la tierra.

Toda persona y todo ministerio deben estar plantados en una iglesia, por eso, antes de permitir que alguien ministre en nuestra iglesia, averiguo si está comprometido en su iglesia, si tiene fruto, si le rinde cuentas a alguien y si es leal.

SOLO LOS LEVITAS PUEDEN TRANSPORTAR EL ARCA

«Sólo los levitas pueden transportar el arca de Dios, pues el SEÑOR los eligió a ellos para este oficio y para que le sirvan por siempre» (1 Crónicas 15.2).

David fracasó la primera vez que intentó llevar el arca del pacto a Sión porque en lugar de ponerlo sobre los hombros de los sacerdotes, lo puso en una carreta nueva como lo habían hecho los filisteos. Poner el arca sobre una carreta nueva es entregarle la responsabilidad de traer la presencia de Dios a personas que no conocen a Jesús, que están en pecado o que no aman a Dios. Por eso no entiendo por qué algunos ministerios de alabanza invitan a sus producciones a artistas seculares o a personas que no están comprometidas en sus iglesias. Pueden ser los mejores músicos del mundo, pero la Biblia dice que solo los levitas pueden transportar el arca.

Cuando Dios me mostró la gran responsabilidad que tenían los portadores del arca, decidimos contratar, como parte del personal de la iglesia, a los músicos que tenían un llamado para servir a Dios para que, al igual que los levitas, estuvieran dedicados exclusivamente al ministerio.

Durante los primeros años de la iglesia Dios nos bendijo con personas que voluntariamente daban de su tiempo para tocar, pero esto tenía sus inconvenientes porque a veces me llamaban quince minutos antes de la reunión para decir que no podían venir. Después Dios nos trajo muchachos totalmente dedicados a la música, pero para poder sobrevivir tenían que dar clases de música o tocar en restaurantes, bodas, dar serenatas, etc. y al llegar a la iglesia para ministrar, aunque no habían participado del pecado, llegaban con un "demonio incluido". Dios nos dijo que si queríamos que los músicos fueran como los levitas, totalmente consagrados a Él, tendríamos que pagarles. Y así, aunque seguimos usando a voluntarios, el grupo base de la alabanza son personas que han dedicado sus vidas totalmente a Dios.

Para que la iglesia los contrate como músicos deben cumplir ciertos requisitos: tener un llamado ministerial, no queremos músicos sino ministros. En este momento casi todos nuestros músicos son líderes de Grupos de Conexión y algunos enseñan los cursos de formación, eso significa que están totalmente dedicados a la iglesia.

Si las iglesias realmente anhelan la presencia de Dios, deben ver a los músicos como parte del equipo ministerial y pagarles un salario justo para que no tengan la necesidad de contaminarse con el mundo. En el tabernáculo de David los músicos trabajaban tiempo completo:

> *«David puso a algunos levitas a cargo del arca del Señor*
> *para que ministraran, dieran gracias y alabaran al Señor,*
> *Dios de Israel [...] David dejó el arca del pacto del Señor*
> *al cuidado de Asaf y sus hermanos, para que sirvieran*
> *continuamente delante de ella, de acuerdo con el ritual*
> *diario»* (1 Crónicas 16.4, 37).

Santidad

Dios no confiará su gloria a personas que viven en pecado, por eso necesitamos santificarnos. Santificación significa estar separados del mundo y del pecado.

«Entonces los sacerdotes y los levitas se purificaron para transportar el arca del SEÑOR» (1 Crónicas 15.14).

SUMISIÓN A LA AUTORIDAD

En 1 Crónicas 15.11–14, David llamó a los sacerdotes, les dio órdenes y ellos lo obedecieron. La rebeldía es una tendencia muy fuerte en todos nosotros, pero especialmente en los músicos. Precisamente por este pecado expulsaron del cielo a Lucero de la mañana, el primer líder de alabanza.

El antídoto para la rebeldía es estar bajo autoridad y ese es uno de los propósitos por los cuales Dios estableció la iglesia. La razón principal por la cual una persona se va de una iglesia es porque no se quiere someter a la autoridad. En Juan 6.66 muchos seguidores abandonaron a Jesús porque empezó a confrontarlos. Judas no estaba de acuerdo con que una mujer invirtiera tanto dinero en adorar a Jesús, otros también se rebelaron porque no estaban de acuerdo con lo que Pablo enseñaba. La misma historia se repite hoy, la razón principal por la cual muchos se van de la iglesia es la rebeldía.

ORACIÓN

Después de fallar en su primer intento por llevar el arca a Jerusalén, David hizo esta pregunta:

«¿Cómo he de traer a mi casa el arca de Dios?»
(1 Crónicas 13.12, RVR).

Esa también debe ser nuestra oración: ¿Qué tenemos que hacer para que tu presencia esté con nosotros?

Conocer a Dios y su Palabra

Todas las instrucciones de Dios están escritas en la Biblia. David reconoció que su error fue no conocer lo que las Escrituras decían con respecto a la manera de transportar el arca.

> *«La primera vez ustedes no la transportaron, ni nosotros consultamos al Señor nuestro Dios,* **como está establecido;** *por eso él se enfureció contra nosotros [...] Luego los descendientes de los levitas, valiéndose de las varas, llevaron el arca de Dios sobre sus hombros,* **tal como el Señor lo había ordenado** *por medio de Moisés»*
> (1 Crónicas 15.13, 15, énfasis del autor).

Los músicos tienen que ser seleccionados:

> *«David les ordenó a los jefes de los levitas que nombraran cantores de entre sus parientes para que entonaran alegres cantos al son de arpas, liras y címbalos [...] Quenanías, jefe de los levitas, como experto que era, dirigía el canto»*
> (1 Crónicas 15.16, 22).

Los dones confirman el llamado. No se trata de solo hacer algo, sino de hacerlo bien. Recuerdo que cuando yo era niño había una parte en los cultos en donde se decía: «Si alguien tiene algo especial, queremos que lo comparta con nosotros». Entonces, pasaba la hermana Tulia y decía: «Ustedes saben que yo no sé cantar muy bien, pero esto lo hago pa' la honra y la gloria de Jehová». Y cuando empezaba a cantar, era terrible. Pero lo peor de todo es que cantaba el himno más largo del himnario «Manos cariñosas». Con esa clase de programa, ¿cómo podían esperar que un niño o un joven quisiera ir a la iglesia? Esas cosas sucedían porque se creía que no importaba si las cosas se hacían bien o mal, lo importante era darle la gloria a Dios, pero eso no es lo que dice la Biblia. En Salmos 33.3 (RVC) dice:

> «¡Canten al SEÑOR un cántico nuevo! ¡Canten y toquen bien y con regocijo!».

Entonces, además de tener el llamado, de ser santos y de ser personas de oración, es necesario hacer un proceso de selección para elegir músicos que sepan cantar y tocar bien algún instrumento.

TODOS SOMOS RESPONSABLES DE TRAER LA PRESENCIA DE DIOS

> «Llevaron el arca de Dios sobre sus hombros»
> (1 Crónicas 15.15).

En la Biblia los hombros son un símbolo de responsabilidad. Aunque los músicos tienen una función importante en la alabanza, TODOS en la iglesia somos responsables de atraer la presencia de Dios. Hace muchos años invitaron al grupo de alabanza de nuestra iglesia a ministrar en otro lugar, en lugar de sentarme en la plataforma me senté en medio de la congregación, pero nadie estaba adorando. Recordé que yo también era responsable de atraer la presencia de Dios, entonces, en medio de la indiferencia y la apatía de la gente, empecé a adorar. A los pocos minutos todos los que me rodeaban estaban adorando, fue impresionante. Por eso, si la gente no quiere adorar o si los de alabanza no están fluyendo, usted tiene la responsabilidad de poner sobre sus hombros la presencia de Dios.

La iglesia debe estar unida

«Después David congregó a todo Israel en Jerusalén para trasladar el arca del Señor» (1 Crónicas 15.3).

En 2 Crónicas 5.13, 14 dice:

«Cuando tocaron y cantaron al unísono: "El Señor es bueno; su gran amor perdura para siempre", una nube cubrió el templo del Señor. [...] la gloria del Señor llenó el templo».

Y en Hechos 2.1–2, 4 dice:

«Cuando llegó el día de Pentecostés, estaban todos juntos en el mismo lugar. De repente vino del cielo un ruido como el de una violenta ráfaga de viento y llenó toda la casa donde estaban reunidos [...] Todos fueron llenos del Espíritu Santo».

Dios se manifiesta cuando la iglesia está reunida, por eso es importante que lleguemos a tiempo. Las reglas de etiqueta dicen que el invitado de honor es el último en llegar. Si nosotros llegamos tarde, estamos insinuando que somos más importantes que Dios.

Nosotros enseñamos a la iglesia a llegar temprano cerrando las puertas del auditorio después de las primeras dos canciones. Al hacer esto corrimos el riesgo de que la gente no volviera, pero sucedió todo lo contrario, Dios se manifestó y la gente no se quería perder lo que Dios estaba haciendo. Gracias a eso se creó el hábito de la puntualidad.

El ejemplo de los pastores y los líderes

Recordemos que la alabanza no es un relleno para esperar que llegue el pastor o el que va a predicar. No entiendo por qué, cuando me invitan a predicar a algunas iglesias, me hacen ir a la oficina del pastor para desayunar mientras toda la iglesia está adorando. Luego entramos al templo como los "ungidos de Dios..." recién desayunados. Ese no es el patrón que el Señor nos dejó en su Palabra. La Biblia dice:

> «Muy alegres, David, los ancianos de Israel y los jefes de mil fueron a trasladar el arca del pacto del SEÑOR desde la casa de Obed Edom» (1 Crónicas 15.25).

Los pastores y los líderes deben llegar con la iglesia para adorar y deben estar delante de todos dando el ejemplo. Una iglesia conquistará el corazón de Dios solo cuando su pastor sea un hombre que esté al frente dando ejemplo de adoración.

David no solo dio el ejemplo sino que además se despojó de su manto de rey y adoró como uno más. Cuando su esposa lo vio saltando y danzando, lo regañó, pero David le dijo:

> «Lo hice en presencia del SEÑOR, quien en vez de escoger a tu padre o a cualquier otro de su familia, me escogió a mí y me hizo gobernante de Israel, que es el pueblo del SEÑOR. De modo que seguiré bailando en presencia del SEÑOR y me rebajaré más todavía, hasta humillarme completamente» (2 Samuel 6.21–22).

LA ALABANZA NOS DEBE COSTAR

> «Apenas habían avanzado seis pasos los que llevaban el arca cuando David sacrificó un toro y un ternero engordado» (2 Samuel 6.13).

En total, ese día se sacrificaron siete toros y siete carneros. En otra ocasión David dijo:

«*No voy a ofrecer al* SEÑOR *mi Dios holocaustos que nada me cuesten*» (2 Samuel 24.24).

LAS FORMAS EN QUE ALABAMOS Y ADORAMOS

«*David y todo Israel danzaban ante Dios con gran entusiasmo y cantaban al son de liras, arpas, panderos, címbalos y trompetas*» (1 Crónicas 13.8).

Por eso alabamos a Dios cantando, levantando nuestras manos, aplaudiendo, bailando, saltando, marchando, de rodillas, con nuestras expresiones y con instrumentos musicales. La Biblia dice:

«*Alaba, alma mía, al* SEÑOR; *alabe todo mi ser su santo nombre*» (Salmos 103.1).

Fuego

Fuego, fuego, que no se apague el fuego
Porque este *party* nunca acaba en mi corazón
Jesús, Jesús
Porque este *party* nunca acaba en mi corazón.

Que tu reino se establezca en esta nación
Que tu fuego no se apague en mi corazón
Porque hemos decidido adorarte solo a ti
Porque hemos decidido amarte más, mucho más.

Aviva tu presencia en mí
Quebranta este corazón
No quiero hoy vivir sin tu
Fuego Señor.
El fuego de tu sanidad
El fuego de pasión en mí
El fuego que viene de ti
Ardiendo en mí.

© Su Presencia Producciones

A Dios le gusta la música

En Marcos 12.30 dice:

> «*Ama al Señor tu Dios con todo tu corazón, con toda tu alma, con toda tu mente y con todas tus fuerzas*».

Y en Salmos 103.1 dice:

> «*Alaba, alma mía, al SEÑOR; alabe todo mi ser su santo nombre*».

¿Qué tengo que hacer para involucrar todo mi ser en la alabanza? Cuando decimos todo nuestro ser nos referimos al cuerpo, el alma y el espíritu. Para esto Dios nos ha dado dos herramientas poderosas: nuestras palabras y la música.

LAS PALABRAS

Lo que sale de nuestra boca controla todo nuestro ser. Si queremos conquistar el corazón de Dios, tenemos que darle mucha más importancia a lo que decimos.

> *«Sean, pues, aceptables ante ti mis palabras y mis*
> *pensamientos, oh SEÑOR, roca mía y redentor mío»* (Salmos
> 19.14).

En la Nueva Traducción Viviente dice: «*que las palabras de mi boca sean de tu agrado*».

Santiago nos habló del poder que tienen las palabras sobre toda nuestra vida:

> *«Todos fallamos mucho. Si alguien nunca falla en lo que dice, es una persona perfecta, capaz también de controlar todo su cuerpo. Cuando ponemos freno en la boca de los caballos para que nos obedezcan, podemos controlar todo el animal. Fíjense también en los barcos. A pesar de ser tan grandes y de ser impulsados por fuertes vientos, se gobiernan por un pequeño timón a voluntad del piloto. Así también la lengua es un miembro muy pequeño del cuerpo, pero hace alarde de grandes hazañas. ¡Imagínense qué gran bosque se incendia con tan pequeña chispa! También la lengua es un fuego, un mundo de maldad. Siendo uno de nuestros órganos, contamina todo el cuerpo y, encendida por el infierno, prende a su vez fuego a todo el curso de la vida.*
>
> *El ser humano sabe domar y, en efecto, ha domado toda clase de fieras, de aves, de reptiles y de bestias marinas; pero nadie puede domar la lengua. Es un mal irrefrenable, lleno de veneno mortal»* (Santiago 3.2-8).

Así como un pequeño timón controla un barco y el freno en la boca de un caballo nos permite controlar todo el animal, lo que sale de nuestra boca gobierna toda nuestra vida. Si pudiésemos dominar la lengua, podríamos controlar todo nuestro cuerpo.

En esta porción pareciera que Santiago no nos da ninguna esperanza, pues dice que nadie puede domar la lengua. Pero lo que realmente está diciendo es que nosotros no podemos domar nuestra lengua, aunque el Espíritu Santo sí lo puede hacer, por eso una de las primeras disciplinas que debemos formar, si queremos conquistar el corazón de Dios, es la oración en lenguas. Cuando oramos en lenguas, permitimos que el Espíritu Santo tome el control de todo nuestro cuerpo.

En el libro de Hechos vemos que cuando las personas fueron bautizadas en el Espíritu Santo lo primero que sucedía tenía que ver con sus palabras:

- Hablaron en lenguas (Hechos 2.4, 10.46, 19.6).
- Profetizaron (Hechos 19.6).
- Predicaron con valor la Palabra de Dios (Hechos 4.31).
- Alabaron a Dios (Hechos 10.46).

Si queremos complacer a Dios, esto es lo que siempre debe salir de nuestra boca. Tenemos que formar el hábito de hablar en lenguas todo el tiempo, profetizar (edificar, consolar y exhortar), confesar la Palabra de Dios y alabar a Dios. Si lo hacemos, nuestra vida cambiará totalmente. Que todo lo que salga de nuestra boca glorifique a Dios.

¿BENDICIÓN Y MALDICIÓN? ¡ESO NO ESTÁ BIEN!

Santiago también dice:

> *«Con la lengua bendecimos a nuestro Señor y Padre, y con ella maldecimos a las personas, creadas a imagen de Dios. De una misma boca salen bendición y maldición. Hermanos míos, esto no debe ser así»* (Santiago 3.9–10).

Entonces, no solo se trata de alabar a Dios, sino también de cambiar totalmente nuestra manera de hablar. Como dice Salmos 19.14, que todas las palabras de nuestra boca sean de total agrado a Dios.

¿Qué palabras desagradan a Dios?

- **La ingratitud.** Ser desagradecidos o no estar contentos con lo que tenemos: el trabajo, el sueldo, el carro, la ropa, la comida, la familia, envidiar lo que otros tienen. 1 Timoteo 6.8 dice: «*Así que, si tenemos ropa y comida, contentémonos con eso*».

- **Murmurar o quejarnos.** «Otra vez lloviendo», «qué frío», «este tráfico», «no me gusta el almuerzo», «estoy cansado de lo mismo», «nos iba mejor antes», «las cosas van de mal en peor», etc. Toda queja va indirectamente en contra de Dios.

- **Hablar en contra de una autoridad.**

- **Compararnos con otros.** Creer que somos mejores o peores que ellos, resaltar sus errores, criticarlos, juzgarlos, desprestigiarlos, desacreditarlos, insultarlos, ofenderlos, etc.

- **Ser negativos,** hablar negativamente, ser pesimistas, hablar todo el tiempo de nuestros problemas o de nuestros dolores, la autoconmiseración, etc.

- **Mentir y decir groserías.**

Si no podemos controlar lo que decimos, lo mejor que podemos hacer es callar.

«*El que quiera amar la vida y gozar de días felices, que refrene su lengua de hablar el mal*» (1 Pedro 3.10).

Si no tenemos nada bueno que decir, no digamos nada, oremos en lenguas para que el Espíritu Santo dome nuestra lengua.

NUESTRAS PALABRAS TIENEN PODER SOBRE EL CUERPO

Jesús también nos habló acerca del poder que tienen las palabras:

> *«Les aseguro que si alguno le dice a este monte: "Quítate de ahí y tírate al mar", creyendo, sin abrigar la menor duda de que lo que dice sucederá, lo obtendrá. Por eso les digo: Crean que ya han recibido todo lo que estén pidiendo en oración, y lo obtendrán»* (Marcos 11.23-24).

Lo que hablamos tiene poder sobre nuestro cuerpo:

> *«La lengua puede traer vida o muerte»*
> (Proverbios 18.21, NTV).

Lo que declaramos con nuestra boca puede traer enfermedad o salud, por eso el Señor le dijo a Ezequiel que profetizara sobre unos huesos secos:

> *«Entonces me dijo: "Profetiza sobre estos huesos, y diles: '¡Huesos secos, escuchen la palabra del SEÑOR! Así dice el SEÑOR omnipotente a estos huesos: 'Yo les daré aliento de vida, y ustedes volverán a vivir'"»* (Ezequiel 37.4-5).

Una de las cosas increíbles acerca de la alabanza y la adoración es que no solo Dios se siente complacido, sino que también nuestro cuerpo físico se beneficia de lo que proclama nuestra boca, por eso alabémoslo.

NUESTRAS PALABRAS TIENEN PODER SOBRE EL ALMA

En el alma encontramos la mente, la voluntad y las emociones:

La mente. Es el centro de operaciones de todo nuestro ser, por eso es tan importante meditar en Dios, en su Palabra, en su poder, su grandeza y su amor.

La Biblia dice que debemos cantar con inteligencia:

> «*Porque Dios es el Rey de toda la tierra. Cantad con inteligencia*» (Salmos 47.7, RVR).

> «*Mi corazón se expresará con inteligencia*» (Salmos 49.3).

Es necesario analizar todas las canciones que cantamos y la música que oímos porque lo que entra por nuestros oídos y sale por nuestra boca afecta nuestros pensamientos y controla todo nuestro ser. Por ejemplo, hay un cantante muy conocido cuya música es romántica y por eso algunos lo oyen sin pensar que su música los va a afectar. Pero en una de sus canciones promueve la infidelidad ya que dice que todos los días se encuentra con una señora en el mismo café y aunque los dos saben que lo que hacen no está bien, están demasiado involucrados para terminarlo.

La santidad no es contagiosa pero el pecado sí lo es, por eso debemos tener mucho cuidado con la música que oímos y cantamos.

La voluntad. Las decisiones que tomamos, los cambios en nuestra vida, las cosas con las que nos comprometemos, las determinan lo que decimos con nuestra boca.

Podemos decirle a Dios cosas como: «Me rindo a ti, yo confío en ti, tú eres todo para mí, estar contigo es mi delicia».

O podemos decir cosas como: «Me cansé de luchar. ¿Para qué seguir viviendo?».

Las emociones. Las palabras de una persona determinan su estado anímico. Estar felices o tristes, disfrutar la vida o estar aburridos, amar o ser indiferentes, el temor o la seguridad, es el resultado de lo que decimos. Por eso las canciones mediante las cuales expresamos gratitud, declaramos las promesas del Señor o expresamos total confianza en Dios tienen un efecto positivo sobre nuestras emociones. En la iglesia motivamos a los jóvenes para que tengan un ayuno de veintiún días durante los cuales solo pueden oír música de alabanza. El resultado que produce en sus vidas es impresionante.

NUESTRAS PALABRAS TIENEN PODER SOBRE NUESTRO ESPÍRITU

Juan 4.24 dice que nuestra adoración tiene que ser en espíritu y en verdad; pero para llegar a la dimensión del espíritu, es decir, para entrar al trono de la gracia o experimentar a Dios, necesitamos en primer lugar involucrar nuestro cuerpo y nuestra alma en la alabanza. No podemos entrar al lugar santísimo si antes no hemos pasado por los atrios y por el lugar santo. Cuando nuestro cuerpo y nuestra alma se han involucrado totalmente en la alabanza, nuestro espíritu se une al Espíritu de Dios, experimentamos su presencia y oímos su voz. Solo entonces podremos decir:

> Y verte a ti y verme en ti
>> Y recibir tu gracia y paz.
> Mi corazón dichoso está
>> Por verte a ti, por verme en ti.

¿QUÉ DEBEMOS DECIR?

El mejor ejemplo de lo que debemos decir lo encontramos en la Biblia:

> «*Alaba, alma mía, al* SEÑOR,
> *y no olvides ninguno de sus beneficios.*
> *Él perdona todos tus pecados*
> *y sana todas tus dolencias;*
> *él rescata tu vida del sepulcro*
> *y te cubre de amor y compasión;*
> *él colma de bienes tu vida*
> *y te rejuvenece como las águilas*» (Salmos 103.2–5).

Así que hablemos de todas las cosas buenas que Dios ha hecho, de la grandeza de Dios, de su poder, de su amor, de su misericordia, de sus obras, confesemos la Palabra de Dios, sus promesas y su voluntad, declaremos los nombres de Dios, hablemos acerca de la obra de Jesús en la cruz, confesemos nuestra posición en Cristo, proclamemos la presencia de Dios sobre nosotros y hablemos acerca del Espíritu Santo.

LA MÚSICA

Fuimos creados para alabar a Dios: «*Al pueblo que formé para mí mismo, para que proclame mi alabanza*» (Isaías 43.21). Dios creó la música para cumplir ese propósito, alabar a Dios.

La Biblia dice que Dios creó a Lucero de la mañana y lo puso en su santo monte para dirigir la alabanza en el cielo. Con este objetivo Dios puso en su cuerpo todos los instrumentos necesarios para la música: el ritmo, la melodía y la armonía.

> «*Los primores de tus* tamboriles *y* flautas *estuvieron*
> *preparados para ti en el día de tu creación*»
> (Ezequiel 28.13, RVR, énfasis del autor).

«Tu majestad ha sido arrojada al sepulcro, junto con el sonido de tus arpas» (Isaías 14.11).

Pero Lucero de la mañana quiso recibir la alabanza que debía dar a Dios, quiso ser igual al Altísimo y por eso lo echaron del cielo.

«Decías en tu corazón: "Subiré hasta los cielos. ¡Levantaré mi trono por encima de las estrellas de Dios! Gobernaré desde el extremo norte, en el monte de los dioses. Subiré a la cresta de las más altas nubes, seré semejante al Altísimo"» (Isaías 14.13–14).

Y cuando se fue del cielo, se llevó su talento musical. Desde entonces lo ha usado para engañar, controlar, matar, deprimir, destruir matrimonios y esclavizar a la gente con los vicios y la inmoralidad sexual. Por eso, algunos cristianos creen que a Dios no le gusta la música y que no le gustan los instrumentos musicales. Eso no es cierto, ¡a Dios sí le gusta la música! Pero necesitamos aprender a diferenciar entre la música que a Él le gusta y la música que está usando el enemigo para destruir.

A Dios le gusta la música

La Biblia se refiere a la música en 839 ocasiones. Estos son unos ejemplos:

«Adoren al Señor con regocijo. Preséntense ante él con cánticos de júbilo» (Salmos 100.2).

«Lleguemos ante él con acción de gracias, aclamémoslo con cánticos» (Salmos 95.2).

«*Canten al* Señor *un cántico nuevo; canten al* Señor, *habitantes de toda la tierra*» (Salmos 96.1).

«*Canten al* Señor *con gratitud; canten salmos a nuestro Dios al son del arpa*» (Salmos 147.7).

«*Anímense unos a otros con salmos, himnos y canciones espirituales. Canten y alaben al* Señor *con el corazón*» (Efesios 5.19).

En Salmos 22.3 dice que Dios habita en medio de las alabanzas de su pueblo.

En 2 Crónicas 5.13 dice que cuando sonaron los instrumentos musicales y las personas empezaron a cantar, la gloria de Dios llenó el lugar.

«*Los trompetistas y los cantores alababan y daban gracias al* Señor *al son de trompetas, címbalos y otros instrumentos musicales. Y cuando tocaron y cantaron al unísono: "El* Señor *es bueno; su gran amor perdura para siempre", una nube cubrió el templo del* Señor» (2 Crónicas 5.13).

En Sofonías dice que Dios se gozará sobre nosotros cantando.

«*Porque el* Señor *tu Dios está en medio de ti como guerrero victorioso. Se deleitará en ti con gozo, te renovará con su amor, se alegrará por ti con cantos*» (Sofonías 3.17).

En más de doscientos versículos se nos ordena cantar porque a Dios le gusta la música, pero también porque conoce el poder que tiene la música sobre nuestro cuerpo, nuestra alma y nuestro espíritu.

La música tiene poder sobre todo nuestro ser

La Biblia dice que...

> «*Cada vez que el espíritu de parte de Dios atormentaba a Saúl, David tomaba su arpa y tocaba. La música calmaba a Saúl y lo hacía sentirse mejor, y el espíritu maligno se apartaba de él*» (1 Samuel 16.23).

Aquí vemos que la música...

Calmaba a Saúl. Lo tranquilizaba, tiene que ver con el alma.

Lo hacía sentirse mejor. Sanidad física, tiene que ver con el cuerpo.

Y el espíritu maligno se apartaba de él. Liberación, tiene que ver con el espíritu.

Así que la música tiene poder, para bien y para mal, sobre todo nuestro ser: cuerpo, alma y espíritu.

La música tiene poder sobre nuestro cuerpo. Cuando un bebé oye música empieza a mover los pies, a aplaudir y a bailar. Dios quiere que expresemos nuestra alegría con la música, pero por desdicha, el enemigo le ha añadido el trago, el vicio y la inmoralidad sexual, y es ahí cuando la música tiene poder para el mal.

Dios usa el poder que tiene la música para bien, por eso, durante la alabanza debemos permitir que el son de la música lleve nuestro cuerpo a expresarse por medio del baile, del movimiento, del aplauso, de las manos levantadas, de los ojos cerrados.

La música afecta nuestra alma. Mente, voluntad y emociones.

La música trae recuerdos, por ejemplo, si oímos: *Stayin alive*, nos transportamos a fines de los años setenta y recordamos lo que hicimos en ese momento de nuestra vida. En mi caso, cuando oigo la música de «Proyecto AA», de Marcos Witt, recuerdo mi noviazgo porque esa era la música que escuchábamos cuando viajábamos a la finca de mi esposa para visitar a su familia. Si oigo «El motivo de mi canción», me transporto a San Diego en donde mi esposa y yo pasamos nuestra luna de miel.

El problema es que la música también me puede recordar cosas lindas que viví con otra jovencita que me gustaba... y se me puede dividir el corazón.

La música afecta nuestras emociones, amor y alegría, aunque también tristeza, nostalgia, depresión, soledad.

Cuando le añadimos música a nuestras palabras, nuestra alma se involucra aun más. La alabanza y la adoración renuevan nuestra mente, quebrantan nuestra voluntad y tocan nuestras emociones.

La música permite que NUESTRO ESPÍRITU se conecte con el Espíritu de Dios. Cuando el rey de Israel y Josafat, rey de Judá, le pidieron a Eliseo que les diera palabra de parte de Dios, Eliseo mandó llamar a un músico porque necesitaba música para poder profetizar. En 2 Reyes 3.15 Eliseo dijo: «*¡Que me traigan un músico!*». Y mientras el músico tocaba el arpa, la mano del Señor vino sobre Eliseo y empezó a profetizar.

Ese es el poder que tiene la música, es muy diferente decir: «Dios ha sido bueno» y decir eso mismo con música. Dios inventó la música para involucrar todo nuestro ser en la adoración.

Ven y canta sobre mí

Tu amor me salvó cambió mi corazón
Como una ola me alcanzó
Transformando todo en mí.

El Señor está aquí en medio de nosotros
Tendrá un nuevo amor por mí.
¡Anhelo experimentarlo personalmente!
¡Ven y canta sobre mí!

Tu amor me cambió, me sanó, me rescató
Una llama de amor selló
El brillo del cielo en mi corazón.

Te pido Salvador, canta sobre mí
Te necesito por favor, canta sobre mí.

Tu alegría es la vida de mi ser
Canto, bailo, salto por tu poder
Tu sonrisa brilla más que el sol
Algo sobrenatural hay en este lugar.

Ven y canta sobre mí
Algo sobrenatural hay en este lugar.

El camino hacia Dios

En la canción «Acércame a ti» de Kelly Carpenter, encontramos la siguiente oración: «ayúdame a encontrar el camino hacia ti». Esa es la función de un líder de alabanza, ayudarnos a encontrar el camino a la presencia de Dios. Pero la verdad es que cada uno tiene que conocer el camino al trono de la gracia y todos debemos saber cómo guiar a otros al Santo de los santos.

Con este propósito el Señor nos dejó muchos modelos de oración y uno de ellos es el «Padre nuestro». Durante mi preparación para servir al Señor nos dieron las biografías de grandes hombres de Dios que oraban dos a tres horas al día. Como yo quería ser un gran hombre de Dios me encerré en mi cuarto y traté de hacer lo mismo. Empecé a orar y pensé que había orado toda la tarde, pero cuando miré el reloj, no había pasado ni siquiera veinte minutos. Estaba frustrado, pero alguien me enseñó el «Padre nuestro» como un modelo de oración para usar en mi tiempo a solas con Dios. No se trata de rezar porque el Señor mismo dijo que no debemos usar vanas repeticiones en nuestras oraciones. Simplemente son pasos que usamos en la oración:

«PADRE NUESTRO». Iniciamos la oración proclamando lo que somos en Cristo porque gracias a lo que hizo Jesús por mí en la cruz, puedo acercarme a Dios como mi papá.

«SANTIFICADO SEA TU NOMBRE». Usamos los nombres de Dios para darle gracias, alabarlo y adorarlo: Creador, Salvador, Sanador, Paz, Proveedor, el gran Yo soy… Él es todo lo que necesitamos, si necesitamos amor Él es nuestro amor, si necesitamos gozo Él es nuestro gozo.

«VENGA TU REINO, HÁGASE TU VOLUNTAD». Intercedemos para que el reino de Dios se establezca en nosotros, en nuestra familia, en nuestra iglesia y en nuestra nación, también le pedimos a Dios que nos revele su voluntad.

«EL PAN NUESTRO DE CADA DÍA, DÁNOSLO HOY». Después de buscar el reino de Dios tenemos derecho de orar por nuestras necesidades.

«PERDONA NUESTROS PECADOS». Porque todos los días la embarramos y Dios quiere que diariamente hagamos un recuento de todo lo que hicimos y si es necesario que le pidamos perdón. En 1 Juan 1.9 dice que si confesamos nuestros pecados, Dios es fiel y justo para perdonarnos y limpiarnos de toda maldad.

«COMO PERDONAMOS A LOS QUE PECAN CONTRA NOSOTROS». Así como Dios nos ha perdonado, también debemos perdonar el daño o el dolor que otros nos han causado. Al final de la enseñanza acerca de la oración, Jesús nos da una ley espiritual y es la siguiente: Si no perdonamos, Dios no nos puede perdonar y, además, en Mateo 18.34 (RVR) dice que si no perdonamos, los verdugos, es decir los demonios, tienen derecho de atormentarnos con enfermedad, tristeza, pobreza, estancamiento. Además de perdonar también recibimos sanidad emocional. En Isaías 53.4 dice que Jesús llevó en la cruz nuestras enfermedades físicas y también sufrió por nuestros dolores emocionales.

«NO NOS DEJES CAER EN TENTACIÓN Y LÍBRANOS DEL MALIGNO». «No permitas que la embarremos, no permitas que hagamos cualquier cosa que nos aleje de ti». Le pedimos que nos muestre en dónde somos vulnerables al pecado y que no permita que caigamos en tentación. También hacemos guerra espiritual en contra de Satanás y de los demonios. Y nos cubrimos con la sangre de Jesús.

«PORQUE TUYO ES EL REINO, EL PODER Y LA GLORIA». La oración se inicia y se termina con alabanza. Al igual que necesitamos la oración modelo para encausar nuestro tiempo de oración, también necesitamos conocer los diferentes caminos para entrar a la presencia de Dios.

EL CIELO EN LA TIERRA

En Hebreos 4.16 dice que debemos acercarnos con toda confianza al trono de la gracia. El Señor le dio a mi esposa unos pasos que nos ayudan a subir visualmente al cielo y quiero exponérselos a ustedes:

Un bulto que simboliza las cargas. En oración metemos en un bulto todas nuestras cargas, problemas, preocupaciones, dolores y todo aquello que nos impide ser felices. Luego se lo entregamos a Dios.

Un vaso que tiene que ver con los sentimientos. Allí echamos todo lo que sentimos en contra nuestra y en contra de los demás: odio, dolor, cansancio, frustración, tristeza, rabia. Después de hacerlo, le entregamos el vaso a Jesús para que lo llene con su perdón.

La cruz. En donde crucificamos la carne, nuestros sentimientos, nuestros deseos, lo bueno y lo malo de nuestro temperamento, los aspectos afectivos, todo lo que nos controla. *«Con Cristo estoy juntamente crucificado, y ya no vivo yo, mas vive Cristo en mí»* (Gálatas 2.20, RVR). Pero no nos quedamos muertos sino que bajamos de esa cruz y permitimos que Jesús viva en nosotros.

El cielo. Nos sentamos con Cristo en los lugares celestiales, Él nos habla y nos recuerda lo que somos en Él: declarados justos, perdonados, santos, hijos, sanos, prósperos. Aquí empezamos a vivir por la fe, nuestra posición en Cristo. Jesús responde nuestras necesidades: el negocio perfecto, la casa de los sueños, las grandes ideas.

Jesús. Nos tomamos de la mano de Jesús para que Él nos lleve al Padre.

La puerta. Cruzamos la puerta y entramos a donde está el Padre. En la iglesia cantamos una canción que dice:

> Jesús es la llave que me permite
> Cada día traspasar el velo
> Y llegar donde tú estás
> Al santo de los santos entrar.

El Padre. Cuando en nuestra oración entramos a «la casa del Padre», experimentamos el cielo en la tierra. Allí Jesús llena nuestros vacíos y el Padre nos da identidad.

EL TABERNÁCULO DE MOISÉS

El modelo que por lo general usamos para dirigir la alabanza y la adoración es el tabernáculo de Moisés. El propósito es llegar hasta el lugar santísimo en donde está la presencia de Dios. Pero, para eso, primero tenemos que pasar por el atrio y por el lugar santo. No sé por qué en algunas iglesias inician el tiempo de alabanza con canciones lentas, para luego terminar en celebración, porque ese no es el orden bíblico. Para tener intimidad con Dios, es decir adorar en el espíritu, primero tenemos que involucrar nuestro cuerpo y alma en la alabanza, para eso se necesitan canciones que disfrutemos. Quizá cambiaron el orden porque en muchas iglesias las personas llegan tarde y es muy difícil celebrar sin la gente. Así que inician las reuniones con oraciones y canciones, supuestamente de adoración, pero que realmente son canciones de relleno mientras la gente llega para entonces finalizar con celebración. Según el patrón bíblico el punto de partida es el atrio que tiene que ver con nuestro cuerpo, luego sigue el lugar santo que tiene que ver con el alma y entonces podemos traspasar el velo, entrar al lugar santísimo y tener intimidad con Dios, que tiene que ver con nuestro espíritu.

EL ATRIO

Lo primero que hacemos es tratar de involucrar nuestro cuerpo en la alabanza, por eso las primeras canciones tienen que llevar nuestro cuerpo a cantar, aplaudir, bailar, celebrar, alabar y enfocarse en Dios. Tienen que ser canciones que nos gusten, alegres, con mucha fuerza, con sabor y con mucho ritmo. Nuestra carne no está interesada en alabar y por eso Dios, en su sabiduría, diseñó la música como algo que disfrutamos. En la iglesia tratamos de cantar canciones que le gusten tanto a los jóvenes como a los adultos, a los que les gusta la música contemporánea, a los que les gusta el sabor latino. Se trata de disfrutar juntos el tiempo en los atrios para que podamos avanzar al lugar santo.

En los atrios encontramos la puerta, el altar y la fuente:

* *La puerta*
  «Entren por sus puertas con acción de gracias, vengan a sus atrios con himnos de alabanza; denle gracias, alaben su nombre» (Salmos 100.4).

Las llaves que usamos para abrir la puerta y entrar a la presencia de Dios son: acción de gracias y alabanza.

- **El altar de los holocaustos**
Según el Antiguo Testamento sobre el altar del holocausto se sacrificaba un cordero para expiar el pecado de las personas, pero ahora Jesucristo es el Cordero de Dios que quita el pecado del mundo, así que en los atrios le damos gracias a Jesús por su muerte y por los beneficios de la cruz.

En el altar también crucificamos nuestra carne (Gálatas 5.24), llevamos cautivo todo pensamiento a la obediencia a Cristo (2 Corintios 10.5) y ofrecemos nuestro cuerpo en sacrificio vivo, santo y agradable al Señor (Romanos 12.1).

En 1 Corintios 1.29 (RVR) dice: *«que nadie se jacte en su presencia»*, en la Biblia en inglés dice *«que ninguna carne se gloríe en su presencia»*. Eso quiere decir que no podemos entrar al santo de los santos en la carne, por eso debemos permitir que el fuego de Dios destruya la carne.

- **La fuente de bronce**
Los sacerdotes se lavaban las manos en la fuente. Ahora nos santificamos con la Palabra de Dios.

«Acerquémonos pues, a Dios con corazón sincero [...] interiormente purificados de una conciencia culpable y exteriormente lavados con agua pura» (Hebreos 10.22).

«Ustedes ya están limpios por la palabra que les he comunicado» (Juan 15.3).

EL LUGAR SANTO

En el lugar santo le damos razones al alma para que alabe.

> *«Alaba, alma mía, al* SEÑOR *[...] y no olvides ninguno de sus beneficios. Él perdona todos tus pecados y sana todas tus dolencias; él rescata tu vida del sepulcro y te cubre de amor y compasión; él colma de bienes tu vida y te rejuvenece como a las águilas»* (Salmos 103.1–5).

En el lugar santo entramos a un nivel superior de adoración pues Dios empieza a responder nuestra alabanza y a manifestarse en medio de nosotros. En el lugar santo encontramos:

- EL CANDELERO tiene que ver con nuestra mente. El fuego del Espíritu Santo debe iluminarla, renovarla y transformarla.
- EL ALTAR DEL INCIENSO representa nuestras emociones. Aquí le damos libertad a nuestras emociones que suben al cielo como el olor del incienso. Pero no son emociones carnales como tristeza, depresión, soledad, angustia, nostalgia, rabia y amargura, sino amor, gozo, paz, paciencia, humildad. Si alguien llora en la adoración, lo hace de gozo. Si una persona llora de tristeza o de rabia, está en el lugar equivocado, para eso está el muro de los lamentos en Jerusalén. En el lugar santo lloramos de gozo.
- LA MESA DEL PAN representa nuestra voluntad. Cuando empezamos a alabar, nos tenemos que obligar a hacerlo porque no queremos, pero a medida que vamos entrando al trono de la gracia, nuestra voluntad se va rindiendo a Dios y la alabanza ya no es un esfuerzo sino un deleite.

EL LUGAR SANTÍSIMO

Representa nuestro espíritu. En este lugar nuestro espíritu se une al Espíritu Santo y somos conscientes de la presencia de Dios, lo vemos y lo oímos. En Hechos 22.14 dice: «*Dios te ha escogido para que conozcas su voluntad, y para que veas al Justo y oigas las palabras de su boca*».

Pero no solo experimentamos a Dios sino que somos transformados a su imagen. El salmista dijo:

> «*Veré tu rostro en justicia; estaré satisfecho cuando despierte a tu semejanza*» (Salmos 17.15, RVR).

En Salmos 63, David nos ilustra lo que sucede en cada lugar:

EL ATRIO

> «*Oh Dios, tú eres mi Dios; yo te busco intensamente. Mi alma tiene sed de ti; todo mi ser te anhela, cual tierra seca, extenuada y sedienta*» (Salmos 63.1).

Durante los primeros minutos de la oración yo me siento seco y sin ganas, pero a medida que persevero en la oración, mi alma se conecta con Dios y se convierte en un deleite.

Con respecto al LUGAR SANTO, David dice:

> «*Mi alma quedará satisfecha como de un suculento banquete, y con labios jubilosos te alabará mi boca*» (Salmos 63.5).

Ya en el Lugar Santísimo experimentamos a Dios.

> «*Te he visto en el santuario y he contemplado tu poder y tu gloria*» (Salmos 63.2).

¿CÓMO DIRIGIR ALABANZA?

Yo sé que algunos dirán, y con toda razón, que esto no es relevante para ellos porque nunca van a dirigir la alabanza en la iglesia. Sin embargo, todos necesitamos saber cómo dirigir la alabanza para guiar a nuestra familia a la presencia de Dios y también para permitir que otros nos guíen.

Yo llevo más de treinta años dirigiendo alabanza y en este tiempo he aprendido mucho. Al comienzo nosotros solo cantábamos, el sentido de nuestra alabanza era horizontal, es decir, en lugar de dirigirlo a Dios se dirigía a las personas. Luego aprendimos a expresar nuestra alabanza a Dios y el sentido fue vertical. Pero ahora entendemos que la alabanza no solo se dirige a Dios sino que en medio de la alabanza Dios quiere ministrarnos a nosotros; no solo adoramos a Dios sino que Él responde y el resultado es una vida cambiada.

Dirigir alabanza es algo similar a guiar a las personas a la cima de una montaña.

«¡Vengan, subamos al monte del SEÑOR, a la casa del Dios de Jacob!, para que nos enseñe sus caminos y andemos por sus sendas» (Isaías 2.3).

Si queremos subir a la Sierra Nevada de Santa Marta o al Everest, necesitamos una persona que nos guíe, que conozca la montaña, que sepa exactamente cuál es el destino; que elija el mejor camino para no perder tiempo dando vueltas, que elimine cualquier carga que pueda estorbar el ascenso y que vaya al frente sin olvidar a los que vienen atrás. Esto es lo mismo que necesitamos para dirigir la alabanza y la adoración:

Conocer a Dios y los diferentes caminos para llegar a él

Dirigir la alabanza es hacer en público lo que ya hicimos en secreto. Si no soy capaz de dirigir mi tiempo de oración a solas, tampoco podré llevar a otros a Dios. Y cuando hablo de orar, me refiero a una hora. Jesús le dijo a los discípulos: *«no han podido orar ni siquiera una hora»*. Si no somos capaces de orar una hora todos los días, difícilmente podremos dirigir a otros en adoración. Durante muchos años me obligué a orar una hora todos los días y esa disciplina me enseñó a encontrar el camino a Dios.

Saber cuál es el objetivo

Aunque el propósito es tener siempre un encuentro con Dios; Él también quiere manifestarse de manera específica en cada reunión: a veces quiere revelar su grandeza y su poder, otras nos quiere llevar al arrepentimiento y al quebrantamiento. Es posible que Dios quiera ministrarnos con el Espíritu Santo, sanarnos, liberarnos o darnos una palabra de edificación, de consuelo, de exhortación y de dirección. En algunas ocasiones Dios quiere llevarnos a consagrar nuestras vidas a Él y a veces nos quiere llevar a hacer guerra espiritual.

Elegir el mejor camino

No hay nada peor que un líder de alabanza que, por no conocer el camino hacia Dios, se pierda, salte de un lugar a otro o empiece a dar vueltas. Con un buen director de alabanza siempre estamos ascendiendo.

Eliminar cualquier estorbo que impida adorar

Las personas llegan a la iglesia cansadas, enojadas, angustiadas, enfermas, atacados por el diablo, desenfocadas. Por eso, en lugar de pelearles por su mala cara: «pero sonrían…, esto parece un funeral...», debemos llevarlas a entregar sus cargas al Señor, en algunas ocasiones es necesario hacer guerra espiritual o ministrar.

El líder de alabanza va al frente sin olvidar a los que vienen detrás

Un buen líder de alabanza está pendiente de todos. Aunque le gustaría perderse en el cielo con los mejores adoradores de la iglesia, recuerda que hay personas nuevas o personas que les cuesta conectarse con Dios, por eso se vuelve para ayudar a los que tienen dificultad para subir.

Espíritu Santo

Te anhelo, te deseo

Ven, camina junto a mí
Tú me puedes entender
Consolador, sumérgeme
Inúndame de ti
Quiero llevar tu color en mí
Espíritu, inúndame de ti
Quiero estar en ti
Que me guíes en mi caminar

Gracias por estar aquí, por estar en mí
Sosteniéndome, ayudándome
Consolador, Ayudador.
Una vez más, una vez más
Tú en mí, ayudándome.

¿Qué sucede cuando Dios se manifiesta?

Lo que más anhelamos al adorar a Dios es que Él se manifieste, y en Salmos 22.3 dice que Él habita en medio de las alabanzas de su pueblo.

Con respecto a la presencia de Dios hay una manifestación inmediata y una manifestación permanente. La Biblia dice que Dios estaba con José y por eso todo le salía bien. Esa presencia era algo permanente y eso es lo que todos debemos anhelar.

En este capítulo quiero hablar acerca de la presencia de Dios que se manifiesta cuando lo alabamos.

ADORACIÓN

Una manera de saber que Dios se está manifestando es el deseo que Dios pone en nosotros de seguir adorando. Esa no es nuestra naturaleza humana, nuestra carne prefiere pensar en otras cosas y no en adorar, o prefiere las canciones románticas o depresivas, pero dar gracias y adorar a Dios es obra del Espíritu Santo. El simple hecho de venir a la iglesia es obra de

Dios, nosotros preferimos dormir, ver televisión o ir de paseo. Adoramos los primeros minutos de alabanza como un acto de nuestra voluntad, pero cuando Dios responde, Él pone el deseo de adorar y se convierte en un deleite.

Lo que inspiró a Jonathan Romero, uno de nuestros líderes de alabanza, a escribir la canción: «Y quiero que tú estés cerca de mí, tú sabes que no podré vivir sin ti...», fue su perro. Un día él se sentó en la sala de su casa, su perro se levantó de donde estaba y se sentó a sus pies como diciéndole: «quiero estar cerca de ti» y en ese momento él pensó lo mismo con respecto a Dios: «Y quiero que tú estés cerca de mí».

Esto lo menciono porque la palabra que se usa en el griego para adorar es *Proskuneo* que también se usa para describir lo que hace un perro cuando besa la mano de su amo.

SED DE DIOS

Cuando yo tenía diecinueve años vino a Colombia un grupo de unos cuarenta jóvenes de Cristo para las Naciones. Nunca los olvidaré porque tenían algo que nosotros no teníamos: pasión por Dios. Recuerdo que eran tan apasionados por Dios que cuando los llevamos al aeropuerto algunos se sentaron en el piso y delante de todos se pusieron a leer la Biblia y, además, lo estaban disfrutando. Me impactaron porque yo leía la Biblia, pero porque era disciplinado no porque la disfrutara. Hoy puedo decir que me gusta leer la Biblia, soy un apasionado por Dios, lo amo, me gusta estar en la casa de Dios. Estoy seguro que la pasión por Dios llegó a mi vida como resultado de su presencia manifestándose en medio de la alabanza y la adoración. En ese entonces no se veía en Colombia gente apasionada por Dios, por eso tratábamos de entretener a los jóvenes con deportes, campamentos, grupos musicales, fogatas. Pero hoy Dios ha levantado en nuestra iglesia una generación de jóvenes apasionados por Dios y esto es el resultado de dos cosas: el proceso de formación y la presencia de Dios.

Cuando tenemos un encuentro con Dios, anhelamos más de Él porque es simplemente irresistible. En esos momentos llegan a nuestra mente canciones como: «Yo quiero más y más de Cristo», «Anhelo, deseo, me muero por estar contigo; te busco, hoy ruego permanecer toda mi vida aquí». Lo que sucede en esos tiempos de adoración poco a poco se va convirtiendo en un estilo de vida: deseamos más de Dios. Es como cuando un hombre conoce a la mujer de su vida, todo el tiempo quiere estar con ella.

Celebración

Salmos 43.4 (NTV) dice:

«Allí iré al altar de Dios; a Dios mismo, la fuente de toda mi alegría. Te alabaré con mi arpa, ¡oh Dios, mi Dios!».

A veces nos preguntan: «¿Y cómo saben ustedes que la presencia de Dios está en un lugar?». Porque experimentamos un gozo muy especial, eso es lo que dice el salmista:

«En tu presencia hay plenitud de gozo, delicias a tu diestra para siempre» (Salmos 16.11, RVR).

Es el mismo gozo que experimenta una persona cuando está bajo el efecto del alcohol. No tengo autoridad para hablar de esto porque jamás he tomado, pero lo sé porque cuando el Espíritu Santo vino sobre la iglesia primitiva, muchos críticos los acusaron de estar borrachos, pero Pedro les dijo: «*Éstos no están borrachos, como suponen ustedes. ¡Apenas son las nueve de la mañana!»* (Hechos 2.15).

Y entonces les explicó que la alegría que ellos estaban experimentando era el fruto de la manifestación del Espíritu de Dios. Por eso, ¿qué efecto positivo produce el alcohol? Un borracho está alegre, le dan ganas de cantar, celebrar y bailar. En la mayoría de las iglesias las personas no saltan ni bailan porque no han experimentado la presencia de Dios, no se han embriagado con el vino nuevo del Espíritu Santo. Una persona bajo el efecto del vino abraza a todo el mundo y se vuelve muy dadivosa. ¿Recuerdan a su papá borracho? Sacaba la billetera y les daba plata a todos los hijos. Una persona borracha también es extrovertida, se vuelve un niño y es capaz de hacer cualquier cosa.

Una de las razones por las cuales no tomamos tragos es porque no lo necesitamos, si queremos experimentar gozo lo único que tenemos que hacer es alabar.

> *«No se emborrachen con vino porque eso les arruinará la vida»* (Efesios 5.18, NTV).

El alcohol arruina, embrutece, empobrece, desinhibe sexualmente y lleva a la gente a cometer locuras que después lamentan, pero el Espíritu Santo nos embriaga con el vino nuevo.

Pablo sigue diciendo lo que tenemos que hacer para experimentar el gozo de la presencia de Dios:

> *«En cambio, sean llenos del Espíritu Santo cantando salmos e himnos y canciones espirituales entre ustedes, y haciendo música al Señor en el corazón. Y den gracias por todo a Dios el Padre en el nombre de nuestro Señor Jesucristo»* (Efesios 5.18–20, NTV).

La Biblia dice que cuando hacemos esto, Dios responde y se manifiesta:

«Jehová está en medio de ti, poderoso, él salvará; se gozará sobre ti con alegría, callará de amor, se regocijará sobre ti con cánticos» (Sofonías 3.17, RVR).

Recuerden que a Dios le gusta la música y cuando está alegre, canta y baila, *«se regocijará sobre ti con cánticos»*. La palabra en hebreo que se tradujo como «regocijará», es la palabra *Guwl* que significa, «girar o dar vueltas bajo la influencia de una fuerte emoción». Eso es lo que hace Dios cuando lo alabamos, se emociona tanto que no solo canta, sino que empieza a dar vueltas como un niño y si somos sensibles, podemos experimentar ese mismo gozo.

AMOR

Yo no soy una persona que expresa mucho amor, por eso, cuando me ven muy amoroso, es porque estoy experimentando la presencia de Dios. En ese momento me dan ganas de abrazar a las personas y de expresarles lo que estoy sintiendo.

Cuando entramos en el santo de los santos, experimentamos el amor incondicional del Padre.

UNCIÓN PROFÉTICA

Primera de Corintios 14.24–25 dice:

«Pero si uno que no cree o uno que no entiende entra cuando todos están profetizando, se sentirá reprendido y juzgado por todos, y los secretos de su corazón quedarán al descubierto.

Así que se postrará ante Dios y lo adorará, exclamando: "¡Realmente Dios está entre ustedes!"».

En la Biblia se relaciona mucho la adoración con la profecía. Pablo dijo que la palabra profética se debía dar en orden y de manera individual, entonces, cuando dice que *«todos están profetizando»*, significa que están adorando. Aquí tampoco dice que esa persona recibirá una palabra de juicio como: «Borracho, hijo del diablo», sino dice que «se sentirá reprendido y juzgado». Se refiere a la unción profética que se manifiesta en la alabanza y, como resultado, se postrará y hará lo que toda la iglesia está haciendo: adorar.

La alabanza se convierte en una adoración profética cuando le ofrecemos a Dios nuestra propia canción, lo que la Biblia llama *«cántico nuevo»*.

«Canten al Señor un cántico nuevo; canten al Señor, habitantes de toda la tierra» (Salmos 96.1).

Para iniciar este canto profético lo primero que tenemos que hacer es cantar en lenguas. Pablo dijo:

«¿Qué debo hacer entonces? Oraré en el espíritu y también oraré con palabras que entiendo. Cantaré en el espíritu y también cantaré con palabras que entiendo» (1 Corintios 14.15).

Esa canción en lenguas se convertirá en nuestro canto profético para Dios, luego Dios nos dará su canción profética para nosotros: «Te amo hijo mío…, no tengas miedo…, estoy contigo…, yo pelearé por ti…, entra a la tierra…».

La unción profética no siempre es una palabra hablada, puede ser un manto o un espíritu profético que se manifiesta cuando una persona empieza a ministrar por medio de su instrumento musical.

«Para el ministerio de la música, David y los comandantes del ejército apartaron a los hijos de Asaf, Hemán y Jedutún, los cuales profetizaban acompañándose de arpas, liras y címbalos» (1 Crónicas 25.1).

UN CAMBIO DE VIDA

En 1 Samuel 10.5-6, Samuel, después de ungir a Saúl, le dice:

«Al entrar en la ciudad te encontrarás con un grupo de profetas que bajan del santuario en el cerro. Vendrán profetizando, precedidos por músicos que tocan liras, panderetas, flautas y arpas. Entonces el Espíritu del SEÑOR *vendrá sobre ti con poder, y tú profetizarás con ellos y serás una nueva persona».*

La Biblia nos muestra que Saúl pasó de ser un cobarde a ser un valiente, pasó de ser un acomplejado a ser una persona segura de sí misma; era una persona incapaz de gobernar, pero se convirtió en un gran administrador. Lo que nuestros gobernantes necesitan es ser transformados en la presencia del Señor.

Ese cambio es tan evidente que la gente se da cuenta. Hechos 4.13 dice:

«Los gobernantes, al ver la osadía con que hablaban Pedro y Juan, y al darse cuenta de que eran gente sin estudios ni preparación, quedaron asombrados y reconocieron que habían estado con Jesús».

Nuestra vida cambia cuando adoramos porque hay una ley espiritual que dice que somos lo que adoramos. Salmos 135.15–18 dice que semejantes a los ídolos son las personas que los hacen y que confían en ellos. Tienen boca pero no pueden hablar, tienen ojos pero no pueden ver, tienen oídos pero no pueden oír, tienen nariz pero no pueden oler.

Si adoramos el dinero nos volvemos materialistas, si amamos el mundo nos volvemos mundanos, si amamos a Dios somos transformados a su imagen y semejanza.

> *«Así, todos nosotros, que con el rostro descubierto reflejamos como en un espejo la gloria del Señor, somos transformados a su semejanza con más y más gloria por la acción del Señor, que es el Espíritu»* (2 Corintios 3.18).

El salmista dijo:

> *«En cuanto a mí, veré tu rostro en justicia; estaré satisfecho cuando despierte a tu semejanza»* (Salmos 17.15, RVR).

SANIDAD

Jesús dijo:

> *«Si me aman, obedezcan mis mandamientos. Y yo le pediré al Padre, y él les dará otro Abogado Defensor, quien estará con ustedes para siempre. Me refiero al Espíritu Santo [...] No los abandonaré como a huérfanos; vendré a ustedes»*
> (Juan 14.15–18).

Jesús nos prometió que la misma presencia, la misma gloria, los mismos milagros, todo lo que Él hizo cuando estuvo aquí, lo seguirá haciendo a través del Espíritu Santo.

Lo que tenemos que hacer es cerrar nuestros ojos y creer que Jesús está con nosotros como lo prometió y así como la mujer del flujo de sangre se acercó a Jesús, tocó su vestidura y fue sanada, también nosotros podemos acercarnos a Jesús.

ATRAER A LOS PERDIDOS

Algunos, cuando invitan a una persona nueva a la iglesia, esperan que no cantemos una canción como «Fuego, fuego», en donde todos bailamos como locos porque piensan que eso no les va a gustar. Pero sucede lo contrario y en lugar de espantar a los inconversos, la alabanza los atrae a Jesús.

«Puso luego en mi boca cántico nuevo, alabanza a nuestro Dios. Verán esto muchos, y temerán, y confiarán en Jehová» (Salmos 40.3, RVR).

El mejor ejemplo de esto lo vemos cuando Pablo y Silas estaban en la cárcel y empezaron a alabar a Dios. Cuando la presencia de Dios se manifestó, las puertas de la cárcel se abrieron y, como resultado, el carcelero entregó su vida a Jesús.

GUERRA ESPIRITUAL

Cuando David enfrentó a Goliat, le dijo:

«Tú vienes a mí con espada y lanza y jabalina; mas yo vengo a ti en el nombre de Jehová de los ejércitos, el Dios de los escuadrones de Israel, a quien tú has provocado» (1 Samuel 17.45).

Los cristianos somos extremistas para todo, uno de los extremos es echarle toda la culpa al diablo, «el diablo me hizo caer, el enemigo me robó, el diablo de mi marido...», y el otro extremo es ignorarlo totalmente. La alabanza nos brinda la mejor manera de evitar estos extremos porque cuando alabamos, sin ni siquiera mencionar el nombre de Satanás, lo estamos echando fuera.

«Que se levante Dios, que sean dispersados sus enemigos, que huyan de su presencia los que le odian» (Salmos 68.1, RVR).

El enemigo nos quiere cansados, debilitados, enfermos, pobres, angustiados, estresados; quiere que tomemos malas decisiones, que estemos peleando, que vivamos amargados, enojados, tristes, que sintamos envidia, que critiquemos, que no disfrutemos la vida, que no descansemos, que la embarremos, que pequemos, que maldigamos a Dios.

Desde el año pasado el enemigo me atacó físicamente para que yo no predicara en las ocho reuniones de la iglesia. Lo primero fue un tumor en la garganta y luego un dolor de espalda. Su último ataque fueron mis tobillos. Pero un día, cuando salí a correr y sentí dolor, el Señor me mostró que había serpientes agarrando mis tobillos porque Satanás sabe lo importante que son mis pies, Él sabe que cuando salgo a correr, no solo me estoy fortaleciendo físicamente sino que también estoy haciendo guerra espiritual y ejerciendo mi autoridad sobre las tinieblas. Jesús dijo:

«Les he dado autoridad a ustedes para pisotear serpientes y escorpiones y vencer todo el poder del enemigo; nada les podrá hacer daño» (Lucas 10.19).

En Romanos 16.20 dice:

«El Dios de paz aplastará a Satanás bajo los pies de ustedes».

El enemigo sabe que para Dios son hermosos los pies de un predicador del evangelio.

> *«¡Qué hermosos son, sobre los montes, los pies del que trae buenas nuevas; del que proclama la paz, del que anuncia buenas noticias, del que proclama la salvación, del que dice a Sión: "Tu Dios reina"!»* (Isaías 52.7).

El diablo también sabe que Jesús le dijo al enfermo: *«Levántate, toma tu lecho y anda»*. El enemigo sabe lo que tenemos que hacer para recibir nuestra sanidad es levantarnos del suelo y empezar a caminar, por eso él va a atacar nuestros pies. Así que, a pesar del dolor seguí trotando y mientras lo hacía, empecé a pisar las serpientes, los escorpiones y reprendí todo plan del enemigo en contra mía. ¡Dios me dio la victoria!

Cerca de mí

Quiero estar, donde tú estás Señor,
Descansar y encontrar tu amor
Tu dulce voz fluyendo alrededor
Nada más, nada más que tu voz.

Y postrado aquí
En tu presencia encuentro paz
Y confiado en ti
Anhelo siempre estar.
Y quiero que tú estés cerca de mí
Tú sabes que no podré vivir sin ti.

Te quiero a ti, sólo a ti, te quiero a ti, mi Señor.

© Su Presencia Producciones

El poder de la alabanza

El propósito principal de la alabanza es glorificar a Dios, el único digno de recibir toda gloria, honra y poder.

> *«Digno eres, Señor y Dios nuestro,*
> *de recibir la gloria, la honra y el poder,*
> *porque tú creaste todas las cosas*
> *por tu voluntad existen y fueron creadas»*
> (Apocalipsis 4.11).

Pero Dios no solo diseñó la alabanza para su deleite sino también para nuestro beneficio. Cuando lo adoramos, Él establece su trono en medio nuestro.

> *«Estás entronizado en las alabanzas de Israel»*
> (Salmos 22.3, NTV).

Y cuando Dios se entrona en nuestras vidas:

- **Pelea por nosotros.**

> *«El Señor pelea por ustedes»* (Josué 23.10).

> *«El Señor tu Dios está en medio de ti como guerrero victorioso»* (Sofonías 3.17).

- **Cambia nuestro lamento en baile.**

    «*Convertiste mi lamento en danza;*
        me quitaste la ropa de luto y me vestiste de fiesta,
    para que te cante y te glorifique,
        y no me quede callado» (Salmos 30.11–12).

    Nos da «una corona en vez de cenizas,
        aceite de alegría en vez de luto,
    traje de fiesta en vez de espíritu de desaliento» (Isaías 61.3).

- **Convierte nuestra adversidad en una bendición.**

    «*Dios dispone todas las cosas para el bien de quienes lo aman*» (Romanos 8.28).

    Esta es una promesa para los que lo aman. Un adorador es una persona que ama a Dios, lo expresa en su alabanza, sus acciones, sus actitudes y sus pensamientos.

DEN GRACIAS A DIOS EN TODA SITUACIÓN

«*Den gracias a Dios en toda situación, porque esta es la voluntad para ustedes en Cristo Jesús*» (1 Tesalonicenses 5.18).

En la Biblia de lenguaje sencillo dice: «*Den gracias a Dios en cualquier situación*».

Cuando expresamos gratitud y alabanza en medio de la dificultad, la adversidad, la prueba, el desierto, la soledad, la enfermedad o las angustias, estamos expresando nuestra total confianza en Dios.

La ley espiritual de la alabanza es la siguiente: dar gracias a Dios en todo, tanto por lo bueno como por lo malo. Algunos tratan de torcer el versículo y dicen que en medio de la dificultad debemos buscar algo bueno, pero eso no es lo que dice el versículo. Aquí dice: *«Den gracias en toda situación»*. Si su esposo es un desgraciado mujeriego y borracho, su oración debe ser «gracias Señor, por mi esposo mujeriego y borracho». Porque algunas dicen: «Gracias, porque al menos me trae comida». La Biblia dice que demos gracias en toda situación.

No se trata de buscar algo bueno de una situación, sino agradecerle a Dios la situación:

* No es darle gracias después de una estrellada porque no nos matamos, sino decir: «Gracias, Señor, por la estrellada, gracias por el carro que destruí». Y si alguien se murió, es decir: «Te doy gracias porque mi hijo se murió».
* No es darle gracias por estar vivos sino también por la enfermedad.
* No es darle gracias por las cosas lindas que tiene nuestro esposo, sino por todo. Aun las cosas malas. «Gracias, Señor, porque es un borracho, mujeriego, perezoso».

No se trata de comparar nuestra desgracia con otra peor a la nuestra: «Pero al menos el niño no nos salió bobo», sino: «Gracias, Señor, porque nuestro hijo es rebelde, es drogadicto» o, «gracias por el embarazo de nuestra hija».

Esto es difícil porque no tiene lógica, pero así son las leyes espirituales, así es la ley del diezmo, ¿cómo es posible que el dinero rinda más cuando le doy el diez por ciento de todo a Dios? No tiene sentido, pero los que diezmamos damos testimonio de que funciona, lo mismo sucede cuando damos gracias en toda situación. Las leyes espirituales no se entienden, se creen y se aplican.

Cuando decimos gracias por algo bueno, le estamos expresando a Dios que estamos complacidos y satisfechos con lo que tenemos. Estamos diciendo que es un privilegio vivir bajo la gracia porque aunque no merecemos nada, Dios ha sido bueno. Esto es totalmente contrario a exigir o demandar.

Si es algo malo o difícil le estamos expresando a Dios nuestra total confianza en Él. Estamos diciendo que creemos que Él puede disponer eso para nuestro bien o convertirlo en una bendición. Y si es un ataque del diablo, cuando decimos gracias estamos recordando que Dios puede usar incluso al enemigo para lograr sus propósitos y nuestra alabanza permite que Dios intervenga a nuestro favor.

MI EXPERIENCIA PERSONAL

Un día, a los dieciocho años de edad, aprendí este principio espiritual mientras me encontraba aburrido en mi casa. Busqué un libro para leer y encontré el libro «De la prisión a la alabanza» escrito por Merlin Carothers. Me impactó lo que decía y por eso, como si fuera un experimento de los que a mi hijo le gusta hacer, empecé a aplicar lo que aprendí y funcionó. No lo podía creer.

A partir de ese día lo primero que hacía después de cualquier situación era levantar mis manos y dar gracias a Dios. Si se me perdía algo, si me daban una mala noticia, si me iba mal en la universidad, yo decía una pequeña oración que hasta el día de hoy sigo haciendo: «¡Gracias, Jesús!».

Pero entonces vino la primera prueba de fuego, un amigo mío compró un Nissan Patrol último modelo. Y como él no sabía conducir, yo se lo manejaba. Pero un día se lo pedí prestado para ir a recoger a mis hermanas al colegio, recuerdo que fui a mostrar a todos «mi carro». De regreso a casa estaba lloviendo muy fuerte y aunque un muchacho de dieciocho años cree que sabe manejar, eso no es cierto. Yo iba muy rápido, pasaba a todos los demás, pero de repente vi un carro parado a cien metros y apliqué los frenos. En ese momento entendí por qué no se debe manejar tan rápido en medio de la lluvia. El carro patinó y choqué tan fuerte con ese carro que lo destruí totalmente. En medio de la lluvia me bajé muy enojado con Dios y estaba a punto de maldecirlo porque llevaba meses dando gracias por todo, pero en ese instante mi hermana Patricia me gritó: «Andrés, ¡estamos vivas!». Aunque ya me había dado cuenta, ese grito me hizo reaccionar y una vez más le di gracias a Dios. Vi el resultado que produce la alabanza en medio de la prueba porque en menos de una semana Dios me proporcionó el dinero que necesitaba para arreglar los dos carros. Pude ver el poder de Dios.

Mi segunda prueba de fuego fue en una autopista. Mi papá venía manejando el carro e íbamos a más de cien kilómetros por hora cuando de repente se le cayó una llanta y el carro empezó a dar vueltas. Entonces alcé las manos y grité: «¡Gracias, Jesús!». Aquel carro, de una manera sobrenatural, salió del camino en reversa, milagrosamente atravesó un puente que dividía las dos vías de la autopista y ahí se detuvo. La gente corrió a «ver a los muertos» y al vernos, dijeron: «¡Es un milagro!». Nosotros fuimos tranquilamente a buscar la llanta que se había caído, le pusimos la otra llanta al carro y volvimos a la carretera como si nada hubiera pasado. Mientras tanto yo pensaba, «esto funciona, realmente ¡hay poder en la alabanza!».

Creo que la prueba más difícil que pasé fue cuando me robaron mi sintetizador, un Yamaha DX7, de los pocos que había en ese momento en Colombia. Un instrumento que compré con mucho esfuerzo y que le daba un sonido muy especial a la alabanza de la iglesia. Una noche se metieron unos ladrones en nuestra casa y se lo llevaron, pero cuando salían por la ventana del segundo piso, mi papá se despertó y gritó: «Andrés, se llevaron el piano». Me quedé frío y de nuevo me enojé en contra de Dios, pero hice lo que ya se había convertido en un hábito, levanté mis manos y dije: «¡Gracias, Jesús!». Después salí en el carro y recorrí las calles buscando pistas de los ladrones, pero no encontré nada. Llegó la policía, reportamos el robo y les regalamos Biblias. Cuando se fueron me volví a acostar, allí el Señor me dijo que había hecho un ídolo del piano y que Él no compartía su gloria con ningún ídolo. En oración me arrepentí, renuncié al ídolo y se lo entregué al Señor. En ese momento mis hermanas gritaron: «Andrés, ¡apareció el piano!». Cuando bajé, mi cuñado venía entrando a la casa con el sintetizador en sus manos.

¿Qué había pasado? Mi cuñado le pidió al Señor que le mostrara dónde estaba el piano y Dios lo guió al antejardín de una casa, en la que los ladrones lo tenían escondido en medio de unos arbustos. Lo que más me impactó fue ver, una vez más, las leyes espirituales funcionando. Dios se mueve «a favor de nosotros» cuando en medio del desierto le damos gracias y cuando morimos al ídolo que a veces hacemos de las cosas.

DIOS NO ES EL CULPABLE DEL SUFRIMIENTO

Cuando damos gracias en medio de la adversidad no estamos insinuando que Dios es el culpable de la adversidad, sino que estamos expresando nuestra confianza en Él, le estamos entregando el control de la situación y estamos creyendo que Él puede convertirlo en una bendición.

Lo opuesto a la alabanza es la murmuración y la queja, pues cuando una persona murmura le está echando la culpa a Dios de todo lo malo, pero no debe ser así porque Dios todo lo hace bien, todo lo bueno viene de Él. La enfermedad, la pobreza, el sufrimiento, la injusticia y el dolor no son la voluntad de Dios. Todo eso es el resultado del pecado, del diablo, de la violación de las leyes naturales y espirituales, de nuestras malas decisiones o de las decisiones de otros y de un mundo que, por culpa de la maldad, está en deterioro.

DIOS USA EL SUFRIMIENTO PARA NUESTRO BIEN

La Biblia nos muestra que Dios puede usar las pruebas, la adversidad, la enfermedad y aun al diablo, para nuestro bien: nos enseña, nos habla, forma nuestro carácter, nos confronta, nos humilla, lija nuestras asperezas y nos prepara para heredar la tierra prometida.

El desierto revela lo que hay en nuestro corazón:

> «*Recuerda que [...] el* SEÑOR *tu Dios te llevó por todo el camino del desierto, y te humilló y te puso a prueba para conocer lo que había en tu corazón y ver si cumplirías o no sus mandamientos*» (Deuteronomio 8.2).

En el desierto Dios nos enseña:

> «*Te humilló y te hizo pasar hambre [...] con lo que te enseñó que no sólo de pan vive el hombre, sino de todo lo que sale de la boca del* SEÑOR» (Deuteronomio 8.3).

Y el desierto nos prepara para una bendición:

> «*Así te humilló y te puso a prueba, para que al fin de cuentas te fuera bien*» (Deuteronomio 8.16b).

Dios permite el desierto antes de entrar a la tierra prometida para que sea una bendición y no una maldición.

JOSAFAT

«El Señor estuvo con Josafat porque siguió el ejemplo inicial de su padre, pues no buscó a los baales sino al Dios de su padre, obedeció los mandamientos de Dios, y no siguió las prácticas de los israelitas. Por eso el Señor afirmó el reino en sus manos. Todo Judá le llevaba regalos, y Josafat llegó a tener muchas riquezas y recibió muchos honores» (2 Crónicas 17.3–5).

Y en el versículo diez dice:

«Todos los reinos de las naciones vecinas de Judá sintieron un miedo profundo hacia el Señor y no se atrevieron a declararle la guerra a Josafat».

Pero luego, en 2 Crónicas 20.1, dice:

«Después de esto, los moabitas, los amonitas y algunos de los meunitas le declararon la guerra a Josafat».

¿Qué sucedió en la vida de Josafat entre el capítulo diecisiete y el capítulo veinte que permitió que las naciones vecinas le declararan la guerra a Josafat? ¿Qué puertas abiertas había en la vida de Josafat?

Una de las puertas abiertas fue su amistad con Acab, uno de los enemigos de Dios. Al respecto el profeta Jehú le dijo:

«¿Cómo te atreviste a ayudar a los malvados, haciendo alianza con los enemigos del Señor? Por haber hecho eso, la ira del Señor ha caído sobre ti» (2 Crónicas 19.2).

La enseñanza es la siguiente: No podemos ser amigos de los enemigos de Dios.

La otra puerta abierta fue el matrimonio de su hijo Jorán con la hija de Jezabel, esposa de Acab.

> *«Jorán hizo lo que ofende al* Señor*, pues siguió el mal ejemplo de los reyes de Israel, como lo había hecho la familia de Acab, y llegó incluso a casarse con la hija de Acab»* (2 Reyes 8.18).

Por eso, cuando todos los enemigos de Josafat le declararon la guerra y vinieron en contra de él, lo primero que hizo fue proclamar ayuno y arrepentirse de su pecado. El Señor nos dice:

> *«Si mi pueblo, que lleva mi nombre, se humilla y ora, y me busca y abandona su mala conducta, yo lo escucharé desde el cielo, perdonaré su pecado y restauraré su tierra»* (2 Crónicas 7.14).

Y entonces Dios le dio la estrategia para salir de su prueba:

> *«No tengan miedo ni se acobarden cuando vean ese gran ejército, porque la batalla no es de ustedes sino mía. Mañana, cuando ellos suban por la cuesta de Sis, ustedes saldrán contra ellos y los encontrarán junto al arroyo, frente al desierto de Jeruel. Pero ustedes no tendrán que intervenir en esta batalla. Simplemente quédense quietos, para que vean la salvación que el* Señor *les dará»* (2 Crónicas 20.15–17).

¿Qué tuvieron que hacer? Simplemente levantar las manos y dar gracias porque cuando alabamos, Dios pelea nuestras batallas.

> *«Josafat designó a los que irían al frente del ejército para cantar al* Señor *y alabar el esplendor de su santidad con el*

cántico: Den gracias al SEÑOR; su gran amor perdura para siempre» (2 Crónicas 20.21). *Y eso fue lo que hicieron, alabar y dar gracias.*

Alabar viene del hebreo Halal y significa presumir de Dios, de su poder, de su grandeza y hacer un espectáculo para Dios.

Dar gracias viene del hebreo Yadah y además de dar gracias, significa extender las manos y levantar el nombre de Dios en medio de los incrédulos.

Y en 2 Crónicas 20.22-23 vemos en acción el poder de la alabanza:

«Tan pronto como empezaron a entonar este cántico de alabanza, el SEÑOR puso emboscadas contra los amonitas, los moabitas y los del monte de Seír que habían venido contra Judá, y los derrotó. De hecho, los amonitas y los moabitas atacaron a los habitantes de los montes de Seír y los mataron hasta aniquilarlos. Luego de exterminar a los habitantes de Seír, ellos mismos se atacaron y se mataron unos a otros».

Cuando en medio de la aflicción levantamos nuestras manos y damos gracias a Dios, Él convierte nuestro problema en una bendición y pelea por nosotros. Los demonios que el enemigo ha asignado para enfermarnos, destruir nuestro matrimonio, robar nuestras finanzas, deprimirnos y esclavizarnos, empiezan a pelear entre ellos y Dios transforma nuestra prueba en una canción.

Goliat

No importa qué tan grande es mi problema,
Dios es más grande, más grande.
No importa que oscura sea la noche,
Tu luz siempre, siempre brillará.

En la mano del que tiene el poder
Todo problema yo pondré.
En Él descansaré, puedo saber
Que en Él puedo vencer.

Por más grande que sea el Goliat,
Mi Dios siempre triunfará
Y en medio de la oscuridad
Tu luz, tu luz siempre brillará.

Brillaré, con tu luz,
Mi victoria eres tú.
No hay nada imposible para ti.

© Su Presencia Producciones

¿Cuál es su historia con Dios?

Una de las tareas que les dejo a los estudiantes de la clase de Alabanza y Adoración es que escriban su historia con Dios. Recibo muchas y todas las leo porque me inspira oír lo que la presencia de Dios está haciendo en la vida de la gente: sanidades, vidas cambiadas, hogares restaurados, gozo, liberación de las drogas, de la depresión y del suicidio. Estos testimonios me animan a seguir conquistando el corazón de Dios. Quiero contar algunas de esas historias:

EL ROCK HA MUERTO, LARGA VIDA A DIOS

La música y el arte siempre han sido parte fundamental de mi vida. Como artista podría decirse que dibujo y pinto desde que tengo uso de razón, pero como entusiasta musical sí tengo muy claro mis primeros registros sonoros. En 1985, cuando tenía seis años, oí por primera vez al grupo Maranatha Music. Sin embargo, en ese tiempo no comprendía la diferencia entre la música cristiana y la secular porque mi casa era el equivalente a una gigantesca *rockola* donde siempre se estaban alternando géneros y ritmos. En un momento sonaba Maranatha Music, al siguiente Rocío

Durcal, entonces, un poco de «música para planchar», después Stanislao Marino, luego algo de salsa de Willie Colón o la Fania y, para terminar, mis vecinos «líderes de alabanza» remataban con *rock* en español de los Prisioneros o *hard rock* de Guns N' Roses. Aquí no estamos hablando de eclecticismo musical sino de un «sancocho auditivo».

Lo que siempre me causaba curiosidad era el efecto que invariablemente producía en mí la música de Maranatha. Hoy lo describo como una sensación de paz mezclada con algo de melancolía, pero en ese entonces lo describía como aburrimiento mezclado con algo de tristeza. En contraste, el rock en todas sus expresiones producía y aún produce en mí un particular estado de euforia. No es de extrañar que tres años más tarde, cuando mi familia abandonó totalmente la iglesia y entramos en nuestra era de oscurantismo, mi balanza musical se inclinara por completo a todo género musical desde los *blues* hasta la batería progresiva y las guitarras estridentes.

En los casi veinte años que permanecí apartado de Dios asistí a docenas de conciertos de *rock* y comencé un recorrido por el arte, el diseño y la movida bohemia de Bogotá mediante los cuales desarrollé aun más mi entusiasmo y amor por el género que abarcaba los inicios de The Beatles, Cream y Rolling Stones, hasta llegar a grupos contemporáneos como The Muse, que se convertiría en la última banda secular que escuché. En el transcurso de ese tiempo no tuve nada en mi biblioteca musical que se relacionara con Dios, excepto «My Sweet Lord» de George Harrison que en realidad está dedicado a Krishna.

Todo eso cambió a fines del año 2007 cuando a nuestro estudio de diseño *freelance* llegó un trabajo: diseñar las camisetas para el lanzamiento de una producción cristiana llamada «Cielos Abiertos» y luego, terminar el diseño de la portada y el interior del CD basado en los apuntes de una pastora llamada Rocío Corson.

Fruto de nuestro trabajo, la pastora Corson decidió seguir trabajando con nosotros. A mí me dieron una copia de «Cielos Abiertos» y recuerdo que la primera vez que oí la canción «Cerca de mí» la letra y el sonido del violín tocaron una fibra espiritual en mí que hasta ese punto desconocía. Fue muy diferente a lo que sentí en mi niñez con Maranatha Music, esta vez fue algo más cálido, algo muy profundo que trascendía la música y que no había experimentado en mis aventuras sonoras anteriores. Decidí obviar la sensación y guardarla para mí.

Seguía sin asistir a la iglesia, pero la curiosidad aumentaba. El problema es que la curiosidad era directamente proporcional a mi orgullo, así que fue necesario que yo recibiera un fuerte choque de parte de Dios para que eso cambiara. Después de pasar una de las peores noches de mi vida, entré por primera vez al auditorio de la iglesia Lugar de Su Presencia y aunque estaba asombrado por el nivel de los músicos mi postura pudo más, así que en las primeras canciones me quedé de brazos cruzados mirando cómo todos saltaban. Yo, que era el que más saltaba en los conciertos de «rock al parque», estaba hecho una estatua de sal totalmente petrificado por mi orgullo. Sin embargo, al cabo de unos minutos las luces se atenuaron y bajo el acorde de una guitarra eléctrica oí lo siguiente: «Mil veces te fallé, mas tú fuiste fiel, tu gracia me levantó, me basta tu amor, Dios eterno, tu luz por siempre brillará y tu gloria incomparable sin final».

Cerré mis ojos lentamente y con un nudo en la garganta me contuve para no llorar... porque al escuchar esa canción realmente sentí, por primera vez en mi vida, que ese Dios eterno me decía a mí lo que le dijo a David en Salmos

32, que a pesar de todo lo que había hecho en mi pasado, Él era fiel a su gracia y me perdonaba. Mi respuesta leída en las pantallas fue la siguiente: «De mi corazón te doy el control, consume todo mi interior Dios, tu justicia y amor me abrazan, Señor, te amo desde mi interior».

El recibimiento de un Padre que oye el arrepentimiento y la entrega de un hijo que quiere volver a casa fue mi primer encuentro genuino con Dios y el medio que Él usó fue la Alabanza y la Adoración. Desde ese día, en julio de 2008, no he faltado una sola semana a la iglesia. La música del Padre me trajo, la música de Dios me sedujo y la música del cielo me plantó. Creo que el factor que más me influyó en ese momento fue ver a jóvenes virtuosos dirigiendo espontáneamente, algo que no se podía clasificar como un concierto. Ese día el *rock* murió y se gestó en mí la alabanza.

Unos meses más tarde asistí al Encuentro de la iglesia donde después de dos días espectaculares de ministración y sanidad, renací en todos los aspectos de mi vida. Cuando llegamos a la última charla a punto de terminar el domingo, fui bautizado en lenguas y la relación con Dios trascendió la música. Ese día mi espíritu se conectó con el Espíritu Santo de Dios y me deleité exaltando en su idioma todos sus atributos y recibiendo esa increíble porción de su poder. Hoy, he llegado a entender y experimentar la alabanza como el motivo de nuestra creación y como el privilegio más alto que nos es dado. Cuando Lucero de la mañana cayó, su posición como director de alabanza pasó a nosotros. Ahora somos nosotros los que alabamos en un acto de amor voluntario que deleita al creador (Apocalipsis 4.11) y podemos decidir hacerlo o no y es por eso que la manifestación de Dios cuando nos conectamos con él es tan grande.

La Biblia dice que si callamos, hasta las piedras hablarán. No en vano, con la salida del sol en las primeras horas de la mañana, el planeta vibra de forma tal que las aves, al sentir el cambio gravitacional, saben que llegó el nuevo día y comienzan a cantar. Hasta la misma creación le está componiendo canciones a Dios.

—*Camilo*

EL DÍA EN EL CUAL EL ARCA SE CAYÓ

Uza pensó que estaba haciendo lo correcto. Estaba convencido de tener el derecho adquirido de poner sus manos sobre el arca porque él vivía con el arca. Lo mismo me pasó a mí, yo vivía en la iglesia o, mejor dicho, la iglesia estaba en mi casa. Pero no leía la Biblia, no adoraba, no pasaba tiempo en secreto. Hasta que ¡el arca se cayó! Y mi espiritualidad, o más bien mis ritos y costumbres, se fue a pique.

Con tan solo dieciséis años me vine a estudiar a Bogotá, donde estaba sola, lejos de mi casa. Siempre había dependido de las lecturas en familia, del devocional con mis padres, pero ahora ellos no estaban. Me tocó volver a mi primera Biblia y buscar a Dios. Aunque en el pasado había tenido experiencias buenas, ya no me servían de nada. Estaba sola con Dios. El silencio me llevó a depender de Dios.

Cuando yo ya no era nadie, Él era todo. Volví a valorar el arca, volví a valorar Su presencia. Mi cuarto se convirtió en el lugar de adoración. El tener sed de Dios fue algo tan especial que no cambiaría esos momentos por nada en mi vida. No podía orar en voz alta porque compartía el cuarto con alguien, pero escribía mis oraciones y lloraba mientras lo hacía. Estaba tan sedienta de Dios que pasaba el tiempo y no me daba cuenta, pasaba noches enteras pensando en Él.

Recuerdo que desde niña no había vuelto a levantar las manos en la iglesia porque en una ocasión se burlaron de mí. Eso me impedía ser libre, estaba fría, la presencia de Dios no era común en mi vida (1 Samuel 3.1). Tuve que sacar una vez más lo que no me dejaba entrar o lo que quitaba y robaba lo que Dios me quería dar, la rebeldía, por ejemplo. Qué difícil, aunque productivo, fue hacerlo. No entendía por qué no hablaba en lenguas, quería hacerlo pero había duda, pena y temor. Todos a mi alrededor lo habían experimentado, pero yo no. Necesitaba el bautismo con desesperación. En algunas temporadas mi espíritu parecía entrar en una sequía, por tiempo había desánimo. Estaba acostumbrada a un estanque y movía las aguas con el activismo, los programas, los campamentos... La alabanza en la iglesia era tan rutinaria que mi mente siempre estaba ausente. No estaba el Espíritu Santo, *«y los que adoran, para que lo adoren como se debe, tienen que ser guiados por el Espíritu»* (Juan 4.23, TLA).

Llegué al Lugar de Su Presencia y lo que más me impactó fue ver al pastor en el púlpito y aunque los músicos dirigían, él estaba ahí animando y llevando a la iglesia. Era alegre, se sabía las canciones, ninguno de los pastores que había conocido antes se sabía las canciones modernas, vivían en la tradición o tenían inconvenientes para aprenderlas (vea 1 Crónicas 15.25). Y así comenzó a alimentarse algo en mí que desde muy niña había deseado: conocer a Dios, cantarle a Él. El Espíritu Santo vino a mí en manifestación de lenguas. No lo pude resistir, fue tan real en mi cuerpo, mi boca, mis palabras y mi mente.

¿Danzar? Siempre pensé que era algo tan carnal que me resistía a la idea de poder bailar. Ahora creo que a Dios le gusta que yo me mueva y que no es pecado, todo un cambio de paradigma. Sí, Él cambió mi lamento en baile, pero todavía no sale el baile, sin embargo, estamos ensayando.

Yo no tengo una palabra, por lo menos aún no la conozco, para describir lo que pasó. Fue una extraña combinación entre un deseo, una búsqueda y un regalo. Fue tanto el río que corría en mí que tuve un descanso inexplicable, creo que por primera vez en mi vida me embriagué ¡jah! Fue tan... que ahora pienso, ¿por qué no vivirlo siempre?

«Oh SEÑOR, sólo tú eres mi esperanza; en ti he confiado desde mi niñez. Sí, tú me has acompañado desde que nací; desde el vientre de mi madre me has cuidado. ¡Razón tengo para estar alabándole siempre! Mi vida es un ejemplo para muchos porque tú has sido mi fuerza y mi protección. Por eso no puedo dejar de alabarte; todo el día te alabaré y te honraré» (Salmos 71.5–8, NBD).

—Kendys

DIOS ME BUSCÓ A MÍ

Un día, despierto y como le pasó a Job, lo perdí todo en un solo día: la salud, el trabajo, mi esposo y a mi papá, a quien mataron por robarle. Después, mi hija se fue de la casa y yo caí en una depresión tan profunda que me llevó a considerar la posibilidad de suicidarme. Pero como estaba buscando a Dios..., o mejor dicho, Él me estaba buscando a mí, decidí adorarlo y me fui a una iglesia cristiana.

La nueva iglesia me causó un impacto muy positivo que me hizo sentir feliz. Sin embargo, mientras cantaban esas canciones tan hermosas se apoderaba de mí un inmenso llanto que a pesar de mis esfuerzos no podía controlar. Sin saberlo, porque en ese momento no lo entendía y aunque estaba triste sentía gozo y por eso lloraba, estaba ante la presencia del «mismísimo» Dios. Fue Él quien me encontró.

Durante las siguientes visitas a la iglesia veía a todos cantar, saltar, aplaudir, alzar las manos, llorar, se veían tan concentrados. Yo los miraba a todos, pero nadie me miraba a mí. Me preguntaba: ¿Qué les habrá pasado? ¿Será que ya todos solucionaron sus problemas o será que nunca tuvieron problemas?

Decidí entregarme a Dios con todo el corazón. Quería cantar, pero no sabía la letra de las canciones. Quería llevar el ritmo con los pies, pero me daba pena saltar o bailar. Quería levantar mis manos, pero me veía ridícula. Aunque quería hacer lo que hacían los demás, siempre tenía una disculpa para no hacerlo.

Como todos tenían sus ojos cerrados, no me podían ver y por eso empecé a susurrar las canciones. Me aprendí el estribillo: «Fuego, fuego, que no se apague el fuego, porque este *party* nunca acaba en mi corazón… Jesús, Jesús…». Y cuando menos lo imaginaba, descubrí que había cerrado mis ojos, levantado mis manos y me había dejado llevar por el son de la música.

La banda continuó, una vez más cerré mis ojos y comencé a reflexionar acerca de lo que cantaba: «Rey de majestad, ven y llena este lugar con tu luz, con tu luz. Glorioso Salvador, te doy todo mi amor, me rindo a ti, solo a ti. Cristo es Rey por toda la eternidad. Hosanna, toda la creación te adorará». Esa canción me llevó a un llanto incontrolable y sentí que un fuerte viento me convertía en un erizo, se me pararon los pelos, pero me sentía bien. Yo no quería que el tiempo de alabanza se acabara porque temía que al salir de la iglesia regresaran el dolor y la tristeza. Lo que experimenté esa mañana fue la presencia de Dios, lo cual volví a sentir el día que fui bautizada en el Espíritu Santo y hablé en lenguas. Allí comprendí que Dios había entrado en mí en el momento que le entregué el control de mi lengua y de mi cuerpo.

En otra ocasión, cuando las guitarras empezaron a profetizar, me vi en el cielo a los pies de Jesús, quien mostraba una expresión de gozo y un espíritu agradecido. Entonces, reconocí su grandeza, y frente a mí estaba Dios, cantando y sonriendo.

Hoy, tengo un hogar totalmente restaurado por el Señor. Mi esposo regresó a tomar su lugar como cabeza y mi hija también regresó a casa. Dios sanó mis enfermedades y aunque mi papá murió, yo creo que está en el cielo. También tenemos nuestra propia empresa, pero lo mejor de todo es que mi esposo, mis hijos y yo, estamos plantados y sirviendo a Dios en El Lugar de Su Presencia.

—*Cristina*

LA PRIMERA VEZ QUE VI A JESÚS

Siempre pensé que por haber sido levantada en una iglesia cristiana había experimentado la presencia de Dios. Sin embargo, contrario a lo que pensaba, hasta hace poco lo estoy disfrutando. Durante mucho tiempo creí que estar conectada con el cielo se limitaba a cantar bonitas melodías, ensayar el piano con el grupo de alabanza los sábados en la mañana y saltar en las canciones movidas de la época, y aunque no puedo negar que fue un tiempo maravilloso y divertido, siempre sentí que me hacía falta algo.

Hoy, mirando atrás, reconozco que lo que mi corazón disfrutaba no era adorar sino vivir rodeada de ensayos y de música. Sé que suena triste pero es bueno ser honesta, sobretodo porque cuando me comparo con la niña del pasado puedo ver que las cosas cambiaron para siempre. Hoy, sin ensayos, sin micrófonos y sin panderetas, la alabanza y la adoración en mi vida es increíblemente maravillosa. Hoy puedo ver a Jesús mientras canto, puedo escuchar a Papá Dios hablándome al oído y puedo descansar en medio de los momentos difíciles, sabiendo que el Espíritu Santo está secando mis lágrimas.

Mi primera experiencia con la presencia de Dios fue con los videos de Hillsong que veía, incluso en los momentos en que más alejada estaba de la iglesia y más resentida estaba con Papá Dios. Es curioso recordar que cuando veía los videos sentía ganas de llorar y de volver a pertenecer a una iglesia.

Mi segunda experiencia fue cuando llegué al Lugar de Su Presencia. Hace muchos años, cuando se llamaba Amistad Cristiana, yo asistí al concierto de lanzamiento de Alex Campos, pero ese día fue diferente, pensé «¡*Wow!* Es como Hillsong» y aunque quería ponerle atención a la música, a las luces y a las hermosas voces de los cantantes, no podía abrir mis ojos, ni dejar de llorar, ¡fue increíble!

Mi tercera experiencia fue en el Grupo de Conexión. Un sábado los líderes decidieron hacer algo diferente. Ese día nos pidieron que cerráramos los ojos y entonces nos enseñaron a encontrarnos con Jesús. Se me llenan los ojos de lágrimas de tan solo recordar ese momento porque fue la primera vez que vi a Jesús. Sencillamente fue inolvidable. Creo que ahí se inició todo porque a partir de ese día la presencia de Dios ha sido real para mí.

No tenemos que ser gran cosa para disfrutar de la presencia de Dios, Él se conforma con un corazón dispuesto y expectante que lo único que quiere es exaltar sus atributos y tener intimidad con Él.

—*Andrea*

¿Músicos o ministros?

Todo empieza en mi iglesia. Un día, cuando yo tenía siete años de edad, me encontraba jugando y corriendo por toda la iglesia mientras el pastor dirigía la alabanza. En ese momento él empezó a ministrar el bautismo en el Espíritu Santo y después de un rato la gente empezó a orar en lenguas. Yo los oía pero no los entendía, sin embargo, algo me llamó la atención. La presencia de Dios era tan fuerte que yo dejé de correr, cerré mis ojos y, sin saber cómo, empecé a orar en lenguas y mientras oraba comencé a llorar y a sentir cosquillas en el estómago. Era la primera vez que experimentaba la presencia de Dios. Luego abrí mis ojos, me sequé las lágrimas y seguí jugando por toda la iglesia. Ese encuentro con la presencia de Dios me hizo sensible al Espíritu Santo y desde entonces sé cuando Él se manifiesta en mí.

A los trece años, en el Encuentro, se rompieron las cadenas que me impedían saltar y levantar mis manos. Un día, mientras cantábamos en la iglesia «que dulce es estar en tu presencia, contemplando la hermosura de su santidad», empecé a llorar sin control y la imagen de Dios se reveló a mi vida. Ese fue mi primer encuentro con el Rey. Yo quise levantar mis manos en señal de reverencia pero me daba vergüenza porque nadie más lo hacía, pero cuando cantamos «santo, santo, mi corazón se une a la melodía angelical», no aguanté más y extendí mis manos al cielo. Sentí cómo mi espíritu se unía con el Espíritu de Dios. Sentí la verdadera libertad de adorar a Dios, pues su santidad se había revelado a mi vida.

Durante muchos años fui un adorador de momentos, pero no 24/7. Solo me acercaba a Dios cuando pasaba por tiempos difíciles o por conveniencia. Pero eso cambió cuando mis padres se divorciaron y llevaron a mi papá a la cárcel. Me di cuenta que estaba «solo». En medio del dolor y la soledad apareció una «Y» en mi vida, seguir a Jesús o descarriarme e irme al mundo. En ese momento decidí que mi refugio sería ¡la presencia de Dios! Él se reveló a mi vida como el padre que nunca me falla y empecé a cantar «Padre, en ti estoy en mi casa. Padre, en ti seguro estoy. Padre, en ti encuentro la paz, mi buen Padre, mi amor», no fue hasta ese momento que yo empecé a ser un adorador. Para ese entonces ya pertenecía al ministerio de alabanza de la iglesia El Lugar de Su Presencia, pero era un simple músico que solo le importaba tocar bien su instrumento, lucirse y ser la estrella de la iglesia. Nadie me había explicado cómo ser un ministro o qué hacer para lograrlo. Aquí es donde entró mi pastora Rocío Corson con su amor y dedicación. Ella no sabía música, pero empezó a liderar el ministerio de alabanza. Eso fue una confrontación para mí porque, ¿cómo puede una persona que no sabe música (y que es mujer) liderar a un grupo de músicos? Pues ese era el plan de Dios porque Él no quería músicos sino ministros. Por eso puso a una *súper ministro* a liderarnos, una persona que respira a Dios, que huele a Dios, que moriría por estar en su presencia. Detalles que no son fáciles de encontrar en un músico. Un día, en un ministerial, la pastora nos preguntó: «¿Qué pasaría si ustedes tuvieran un accidente y perdieran una mano o se les dañara las cuerdas vocales? ¿Se acabaría su razón de vivir? ¿Dejarían de adorar a Dios? ¿Cómo adorarían a Dios sin su instrumento?».

En ese momento entendí muchas cosas. Me quitaron una venda, me di cuenta que mi instrumento simplemente era una herramienta para adorar, pero no era lo más importante. Allí me comenzaron a formar como un ministro y la pastora empezó a inyectar en nuestras venas pasión por Jesús, un término que yo no conocía, pero que estaba dispuesto a experimentar.

—*Edier*

¿CUÁL ES SU HISTORIA CON DIOS?

Al igual que estas personas escribieron su historia con Dios y con su presencia, nosotros debemos hacer lo mismo para honrar al Señor y recordar sus maravillas, pero también para que las siguientes generaciones puedan adorarlo. El salmista dijo:

> «*Cada generación celebrará tus obras y proclamará tus proezas.*
> *Se hablará del esplendor de tu gloria y majestad,*
>   *y yo meditaré en tus obras maravillosas.*
> *Se hablará del poder de tus portentos,*
>   *y yo anunciaré la grandeza de tus obras.*
> *Se proclamará la memoria de tu inmensa bondad,*
>   *y se cantará con júbilo tu victoria*» (Salmos 145.4-7).

¿Cuál es su historia con Dios?

Hosanna

Rey de majestad
Ven y llena este lugar
Con tu luz, con tu luz.

Glorioso Salvador
Te doy todo mi amor
Me rindo a ti, solo a ti.

Cristo es Rey
Por toda la eternidad.

Hosanna
Toda la creación te adorará
Hosanna
Al rey de la cruz que en su trono está.

Hosanna en las alturas
Y en la tierra paz.

© Su Presencia Producciones

Nos agradaría recibir noticias suyas.
Por favor, envíe sus comentarios
sobre este libro a la dirección
que aparece a continuación.
Muchas gracias.

vida@zondervan.com
www.editorialvida.com